학교폭력 예방을 위한

유아교육기관 평화교육활동

이용주 · 박중규 · 홍춘자 · 이원자

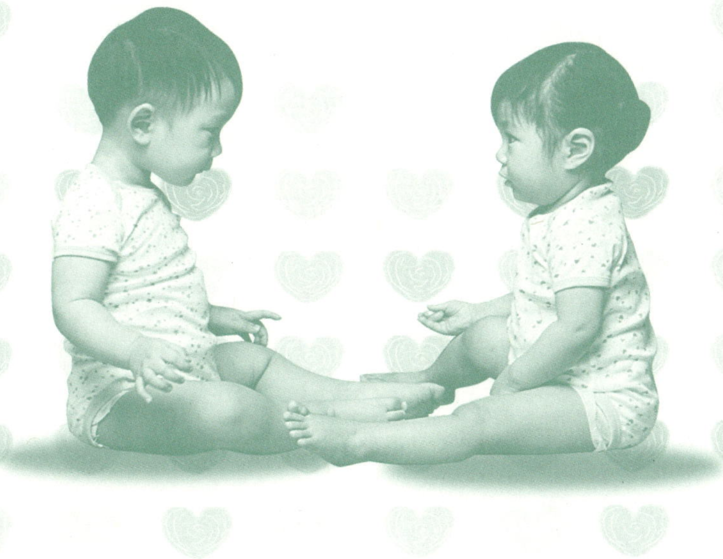

태영출판사

머리말

현재 전세계적으로 평화에 관한 논의가 매우 활발하게 이루어지고 있다. 1986년 UN이 '국제평화의 해'를 선포하였으나, 그 이후에도 세계는 소련의 와해, 독일의 통일, 걸프전쟁, 코소보나 아프리카 분쟁, 심지어 9·11 테러 참사와 중동분쟁에 이르기까지 우리 주변의 현실적인 삶과 밀접한 관계를 맺고 비평화적 폭력이 곳곳에서 전개되고 있다.

특히 우리나라는 분단된 현실을 바탕으로 형성된 안보논리와 군사 이데올로기에 의해 통일에 관한 연구가 이루어질 뿐 평화에 대한 연구는 활발하지 못했다. 그러나 최근 유아교육에서의 평화교육은 우리를 둘러싸고 있는 환경에서의 폭력적 요소가 크게 증가하면서 관심의 대상이 되고 있다.

전통적으로 평화교육은 전쟁방지 및 국가·지역·인종·종교 간의 분쟁을 줄이기 위한 교육적 노력의 일환으로 국제적 이해교육을 중심으로 이루어져 왔다. 그러나 평화교육은 평화 가치의 선택에 대한 믿음과 신념을 가지고 평화의 실현을 위해 노력할 수 있는 능력을 길러 주는 교육이어야 하며, 평화의 가치와 개념이 유아기부터 이루어지기 시작하기 때문에 평화교육은 유아교육에서부터 시작되어야 한다. 이처럼 유아평화교육은 교육의 각 영역에서 총체적으로 구체성과 체계성을 가지고 포함되어져야 하며, 기본생활습관처럼 유아기 때부터 기초가 다져져야 할 필요가 있다. 그러나 유아를 대상으로 한 평화교육 활동 프로그램 개발연구는 매우 부족한 실정이다.

이에 본 서는 유아교육 분야에서 평화교육의 중요성이 부각되는 시대적 요구에 부응하였고 특별히 학교폭력의 측면에서 평화교육을 적용하는 방안에 대하여 심도 있는 논의를 다루었다. 또한 유아교육현장에서 효과적인 평화교육을 위해 국가수준 교육과정과 연계하고, 유아 본인 · 가정 · 교육기관 · 사회 · 환경 등에서 실천 가능하고 해결 가능한 직접적인 내용들로 구성하여 다양한 활동을 제시하였다.

본 서는 2부 6장으로 구성되어 있다. 제1부에서는 학교폭력의 개념과 실태를 이해하고, 학교폭력을 예방하는 방법으로써 평화교육의 필요성을 논의하였다. 제2부에서는 학교폭력의 예방을 위하여 유아교육기관에서 실행할 수 있는 활동들을 제시하였는데, 활동에 앞서 우리 사회의 저변에서 일어나는 현상들을 둘러보았다. 또한 사회 저변에서 일어나는 부정적 현상들을 예방하기 위해 교사가 알고 있어야 하는 지식들을 탐구하였으며, 이러한 지식을 토대로 유아들과 활동할 수 있는 자료들을 수록하였다.

본 서는 학교폭력을 예방하고, 가정과 유아교육기관에서 발생하는 다양한 갈등을 해결하는 능력을 기르고, 평화개념을 발달시키는데 유용하리라 생각한다.

끝으로 이 책의 출판을 맡아주신 태영출판사 사장님과 관계자 여러분, 연구조교 김수빈 · 구현선에게 감사의 마음을 전한다.

2014. 3.

저자일동

차 례

제1부

학교폭력의 이해

제1장

학교폭력, 우리들의 자화상

1. 학교폭력의 개념
2. 학교폭력의 실태

1. 학교폭력의 개념

'학교폭력'이란 '학교'와 '폭력'이라는 단어의 합성어이다(장맹배, 2011). 우리나라 법령(학교폭력 예방 및 대책에 관한 법률)에 근거하면, 학교폭력이란 학교 내외에서 학생을 대상으로 발생한 상해, 폭력, 감금, 협박, 약취 · 유인, 명예훼손 · 모욕, 공갈, 강요, 강제적인 심부름 및 성폭력, 따돌림, 사이버 따돌림, 정보통신망을 이용한 음란 · 폭력 정보 등에 의하여 신체 · 정신 또는 재산상의 피해를 수반하는 행위로 정의한다(법률 제9923호, 2010. 01. 18).

즉 '학교폭력'의 개념은 학교와 관련하여 발생하는 신체적, 심리정서적, 성적, 그리고 사이버 폭력까지 포함하는 개념이다. 또한 폭력에 의하여 학생들 및 교직원이 피해를 입었다면 넓은 의미의 학교폭력으로 정의하기도 한다.

학교폭력의 특징에는 청소년기가 정서적으로 불안의 시기라는 점과, 신체적 급성장에서 오는 적응문제를 포함하고 있다. 이 시기는 감정의 변화가 심하고, 의지와 사고를 통제하기가 어려워 심리적, 정서적으로 불안을 초래한다. 청소년기의 정신적 동요의 가장 큰 원인으로 지적되는 것은 신체적 변화가 급격하다는 것이다. 신체 각 부위의 발달이 동일하지 않아 일시적으로 균형을 잃게 되는데, 신체상은 자아존중감과 정적인 상관이 있다(정옥분, 2004). 신체적인 급성장은 자아상의 변화를 초래하여, 긍정적이거나 부적적인 자아상을 갖게 된다. 따라서 이 시기를 잘 극복하면 성장에 도움이 되지만, 그렇지 못할 경우 자신과 타인에 대한 폭력행동에 의존하기도 한다.

학교폭력은 가해자와 피해자 모두가 청소년인 경우가 많기 때문에 청소년이 폭력의 피해자이면서 동시에 가해자가 될 수 있다는 점에서 더욱 심각하다.

피해학생과 가해학생의 특성을 살펴보자. 피해학생의 특성은 수동적(passive or submissive victim), 또는 선동적(provocative victims)인 유형으로 구분된다. 수동적 피해자의 특성은 공격을 받아도 보복하지 않고, 불안정하고 무가치감을 갖는 특성을 보인다. 조용하고 불안하며 자기존중감이 낮다. 선동적 피해자는 불안한 태도를 갖고 있으면서도 동시에 공격적인 반응패턴을 보인다. 이들은 집중력에 문제가 있고 주위에 긴장을 야기하는 방식의 과잉행동을 많이 한다. 부모와 밀접한 관계를 유지하기 때문에 교사들로부터 과잉보호를 받는 경우가 많다(박영신 · 김의철, 2001).

반면 가해학생의 가장 두드러지는 특성은 공격성과 충동성이다(김경, 2005; 김규학, 2013). 가해학생은 자신의 욕구를 억제하지 못하고 즉각적인 만족을 추구하기 위해 비행행동을 저지를 가능성이 많다. 또한 반항적이며, 자신의 행위에 의해 나타난 결과를 생각하지 않기에 학교폭력을 행사하기 쉽다. 자기통제력이 약하기 때문에 사소한 문제도 폭력으로 해결하려고 한다.

2. 학교폭력의 실태

청소년폭력예방재단의 보고(2011)에 의하면, 2010년 학교폭력 피해율은 11.8%, 가해율은 11.4%로 조사되었다. 피해율의 경우 2006년부터 2009년까지 지속적으로 감소하다가 2010년에 보다 증가한 것으로 나타났다. 가해율은 지속적으로 증가하다가 2008년 일시적인 감소가 나타났으나, 최근에는 비슷한 발생 경향을 보이고 있다.

연도별 피해 · 가해율 현황

	피해율	가해율
2006년	17.3%	12.6%
2007년	16.2%	15.1%
2008년	10.5%	8.5%
2009년	9.4%	12.4%
20010년	11.8%	11.4%

자료 : 청소년폭력예방재단(2011)

학교폭력의 피해율이 지속적으로 나타났고, 가해율 또한 비슷하게 반복적으로 나타나고 있다. 이는 가해학생들의 학교폭력에 대한 인식이 무뎌지고, 일상화되어 폭력으로 인식하지 못하고 있을 가능성을 시사한다.

학교폭력 피해유형을 살펴보면(박효정 · 이희현, 2013), 언어폭력이 33.9%로 가장 높았으며, 금품갈취 16.2%, 집단따돌림 11.4% 순으로 나타났다. 특히, 언어폭력은 57%가 다른 유형의 폭력과 동시에 발생하는 것으로 나타났다. 이러한 학교폭력은 주로 학교 내(61.6%), 일과시간 중(53.3%)에 발생하며, 학교폭력 피해를 경험한 학생은 가족, 친구 또는 선배, 학교 순으로 알리되, 피해 사실을 알리지 않는 경우도 25.7%나 되는 것으로 나타났다.

학교폭력 피해유형

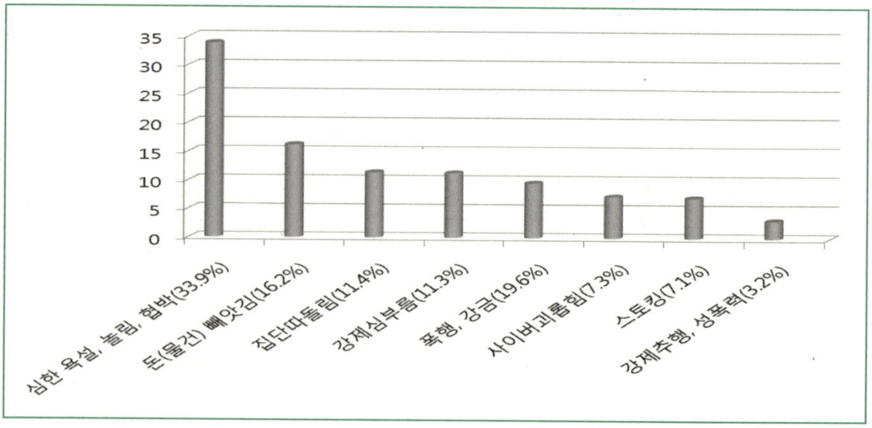

자료 : 박효정 · 이희현(2013)을 토대로 재구성

학교급별 학교폭력의 발생 현황을 살펴보면, 학교폭력의 실태는 더욱 심각하다. 2009년에 비해 2010년의 학교폭력 발생건수는 전체 약 40%가 증가하였다(김건찬, 2012). 이들 중 초등학교에서 발생한 학교폭력은 53% 증가하였다. 중학교에서의 학교폭력은 39.8%, 고등학교는 37.8% 증가하였다.

학교급별 발생 현황

	2009	2010	증가율
초등학교	151	231	53% 증가
중학교	3,854	5,376	39.8% 증가
고등학교	1,608	2,216	37.8% 증가
합계	5,605	7,823	40% 증가

자료 : 김건찬(2012)를 토대로 재구성

초등학교에서의 학교폭력 증가 비율은 매우 두드러진 양상을 보인다. 학교폭력의 연령이 낮아지는 뚜렷한 경향을 보이는 것이다. 즉 폭력이 특별한 비행 청소년에게만 국한된 것이 아니라 아동, 청소년 모두에게서 쉽게 발견될 수 있는 일반화된 행동으로 고착될 가능성이 있다. 또한 학교폭력 연령의 저하에서 발생하는 가장 큰 문제점은 초등시기가 발달적으로 아직 미성숙하여 자신의 폭력 행위에 대해 죄의식이나 책임감을 느끼지 못한다는 점이다. 따라서 어린 시기부터 올바른 교육의 필요성이 절실한 것이다.

참고 문헌

김건찬(2012). 학교폭력 실태와 예방, 나 때리지 마! 너 지켜줄게! 우리 모두는 소중하잖아! 한국법제연구원.

김경(2005). 청소년 비행의 개인적 요인과 사회적 요인의 상호작용에 관한 연구. 숭실대학교 대학원 박사학위청구논문.

김규학(2013). 청소년의 학교폭력비행행동에 영향을 미치는 요인. 대구한의대학교 대학원 박사학위청구논문.

박영신 · 김의철(2001). 학교폭력과 인간관계 및 청소년의 심리행동특성 : 폭력가해, 폭력피해, 폭력무경험 집단의 비교를 중심으로. 한국심리학회지 : 사회문제, 7(1), 63-89.

박효정 · 이희현(2013). 학교폭력 실태조사 현황 및 개선방안, 조사 참여율 제고 및 결과 활용 방안을 중심으로. 한국교육개발원.

장맹배(2011). 학교폭력 분쟁조정 결과에 영향을 미치는 요인 연구. 가톨릭대학교 대학원 박사학위청구논문.

정옥분(2004). 발달심리학, 전생애 인간발달. 학지사.

청소년폭력예방재단(2011). 학교폭력 실태조사 결과 보고서.

학교폭력예방 및 대책에 관한 법률, 제9932호, 2010. 01. 18.

제2장

학교폭력, 우리들의 예방과 대책

1. 유아를 위한 평화교육활동의 필요성
2. 유아를 위한 평화교육활동의 목표와 내용
3. 국가수준 교육과정과의 연계

1. 유아를 위한 평화교육활동의 필요성

21세기는 지식정보화 시대로 특징지어진다. 지식정보화 사회에서는 급속하게 팽창하는 정보기술의 발전으로 정치, 경제, 문화 등 사회 구조 전반에 걸쳐 정보와 지식의 가치가 높아진다(김영옥 외, 2008). 정보와 지식의 가치가 사회 구조 전반에 걸쳐 높아지면서, 정보와 지식의 학습장으로써 학교는 날로 그 중요성이 커지고 있다. 많은 학생들은 정보와 지식을 학교를 통해 습득하며, 이를 위하여 하루의 많은 시간을 학교에서 생활한다. 따라서 학교는 학생들이 정보와 지식을 학습하도록 도울 뿐만 아니라, 21세기와 미래를 바라보며 인간다운 사고와 행동 · 관습, 올바른 지식 · 태도 · 기술 · 도덕 · 습관 · 행동양식을 담아 내는 총체적 삶의 장이 되어야 한다. 총체적 삶의 장이 되기 위해서 학교는 평화로와야 하고, 서로를 돌아보아야 하며, 안전하게 생활할 수 있어야 한다. 평화롭고, 서로를 돌보며, 안전해야 할 학교에서 폭력이 발생하는 이유는 무엇일까?

학교폭력이 일어나는 원인에 대하여 김범수(2009)는 개인적 · 심리적 요인, 가정환경적 요인, 학교환경적 요인, 사회환경적 요인 등의 네 가지로 설명한다.

개인적 · 심리적 측면에서 폭력은 폭력을 일으키는 사람의 특성에 기인하여 발생한다. 폭력을 일으키는 사람은 자기조절 능력이 부족하다. 이들은 윤리의식이나 도덕의식이 제대로 형성되어 있지 않아, 죄책감이나 수치심을 느끼지 못한다. 사회질서나 규범을 고려하지 않고 감정대로 행동하고, 정서불안적 요인을 가지고 있다. 또한 충동적 성향을 가지고 있어 즉각적인 만족을 추구하려는 성향이 높고, 자신의 욕구를 순화시키지 못하여 순간적 충동에 의해 쉽게 범죄를 저지를 가능성이 높다.

가정환경적 측면에서 폭력은 폭력을 일으키는 사람의 가정적인 원인이 가장 큰 영향을 미친다. 가정은 인간이 자라서 사회생활을 하기 전 성격형성에 영향을 미치는 가장 강력한 요인이다. 어떠한 부모 밑에서 자랐으며, 어떠한 가정에서 사회화과정을 밟았느냐에 따라 폭력 요인이 크게 좌우된다고 할 수 있다. 가정의 빈곤, 부모의 이혼, 부모 간의 불화, 부모와 자식 간의 갈등과 유대약화, 부모의 자식에 대한 감독 부족, 잘못된 훈육방법과 같은 가정 기능적 요인이 주요 요인으로 언급되어 왔다.

학교환경적 측면에서 폭력은 학교교육의 많은 문제점과 역기능에서 비롯된다. 시험성적에 의한 단선적인 인간평가, 과밀학급, 획일화된 교육, 입시위주의 교육, 폐쇄적인 교육환경, 지식암기 위주의 교육 등 이러한 학교교육의 역기능은 학생들의 심신 수련이나 건전한 정서함양, 가치관 형성, 예절 지도 등의 정의적 교육이 소홀히 됨으로써 인간교육을 경시하는 결과를 낳았다. 특히 공부에 흥미를 잃거나 인정받지 못하는 학생들의 경우, 욕구를 발산할 기회와 장소를 상실한다. 결국 그들은 같은 고민을 가진 학생들끼리 서클을 조직하여 서로 위로하고 힘이 되어 자신을 괴롭히는 모든 권위에 대항하는 폭력행동을 유발하게 되는 것이다.

사회환경적 측면에서 폭력은 산업의 급격한 발달로 지금까지 통용되었던 가치체계가 혼돈되면서 비롯되었다. 가치관의 동요와 갈등은 학생들에게 적응곤란의 문제를 가져왔다. 정당한 질서의식이 정착되기보다는 권력과 부를 우선시하고, 편법을 써서라도 출세를 하고 보자는 한탕주의, 극단적인 이기주의의 성행으로 사회 내의 공정한 질서의식이 정착되지 못했고, 가정, 학교, 사회에서의 공동체적 유대감도 과거에 비해 많이 해체되어 학교폭력을 한층 용이하게 하고 있다. 특히 온 사회에 만연되어 있는 폭력적 문화와 퇴폐적 향락문화, 불완전한 가정을 촉진하는 빈곤과 실업, 적자 생존 이론의 확산, 대중매체의 폭력성과 선정성 등이 학교폭력을 만드는 사회적 요인들이라고 볼 수 있다.

학교폭력이 일어나는 원인을 고려할 때, 유아기는 매우 중요한 시기이다. 유아기는 개인적 · 심리적 측면에서 자기조절능력 · 윤리의식 · 도덕의식의 기초가 형성되는 시기이다. 가정환경적 측면에서 부모에 의한 사회화가 진행되는 시기이며, 이로 인하여 성격이 형성되는 시기이다. 학교환경적 측면에서 유아기는 학교교육의 문제점과 역기능에 노출되기 시작하는 시점이다. 사회환경적 측면에서 컴퓨터 게임, 만화 영화, 텔레비전 프로그램들의 폭력적 내용과 폭행 장면에 노출되기 시작하여, 부정적 세계관을 형성할 가능성이 많다. 이처럼 유아기 고유의 미성숙한 특성과 폭력적인 환경은 올바르게 자라야 할 유아들에게 부정적 영향을 주게 되고, 특히 비인간적 가치관과 태도 · 자살 · 가정폭력 · 학교폭력 · 사회적 탈선과 학교폭력의 원인을 제공할 수 있는 것이다(강원도보육정보센터, 2010).

학교폭력의 예방과 대처는 한순간 이루어지는 것이 아니다. 때문에 아주 어려서부터 폭력에 반대하는 평화교육을 철저히 해야 한다. 학교와 사회에서의 평화는 평화에 대한 의식과 가치관을 유아 시기부터 심어줄 때 가능하다(강원도보육정보센터, 2010; Montessori, 1970; Rohrs, 1992).

한국유아교육학회(1997)에 의하면, 유아를 위한 평화교육이란 옳고 그른 것, 전쟁, 평화, 폭력 등을 이해하며 유아가 일상생활에서 타인을 존중하며 비폭력적이고 적극적으로 문제를 원만하게 해결하는 기술과 협동하는 태도를 기르며, 민주적인 의사결정과 발달에 적합하게 책임지는 방법을 배우는 것이다. 정영수(1993)는 평화를 인간의 생명을 존중하지 않고 인간적인 삶을 위협하는 모든 형태의 폭력을 근원적으로 제거함으로써 인간의 자유와 평등이 보장되고 사회정의가 구현된 상태로 규정하였다. 이러한 평화의 상태를 이루기 위하여 인간의 의식을 일깨우고 올바른 가치관을 형성할 수 있도록 도와주는 교육활동으로 평화교육을 정의하였다. 강원도보육정보센터(2010)는 평화교육을 인간의 공동체적 삶과 환경에 관한 지식과 기술을 전달하고, 평화로운 태도와 가치관을 토대로 한 세계관을 길러, 인간과 문화의 다양성을 존중하고 평화적으로 갈등을 해결하고 환경을 보호하는 등 실질적이고 실천적인 방안을 생각하고 삶에 적용할 수 있도록 돕는 교육이라고 제시한다.

즉 평화교육은 폭력을 반대하고 인간과 자연을 존중하는 가치관을 형성하여 실질적이고 실천적으로 인간의 삶 속에 적용할 수 있는 능력과 기술을 습득하도록 돕는 교육이다. 이러한 필요성에 의하여 유아교육기관의 평화교육활동은 절실하게 요구된다.

평화교육활동의 목적에 대하여 강원도보육정보센터(2010)는 평화를 사랑하고 공동체적 관점을 가진 온유한 인간으로 성장하도록 돕고, 세계인으로서 함께 삶을 살아가는데 필요한 지식 · 기술 · 가치 및 태도를 기르는 것이라고 하였다. 정영수(1993)는 우리 사회에 조직화된 비평화의 현상으로부터 야기되는 갈등을 대화와 화해를 통해 평화적으로 해결할 수 있고, 평화를 위한 행위에 능동적으로 참여할 수 있는 행위능력을 함양하는데 있으며, 이는 단순히 평화에 관한 지식과 정보의 전달에 있는 것이 아니라, 행동하고 참여하는 인간을 길러내는 데 있다고 제시한다.

2. 유아를 위한 평화교육활동의 목표와 내용

평화교육이란 기본적으로 다른 사람들과의 삶을 전제하고 있다. 즉 어떻게 하면 타인과 적대관계나 갈등관계에 놓이지 않고 화해하며 살아갈 수 있는가 하는 공동체적 삶의 기초 위에 평화교육이 성립되는 것이다. 즉 평화교육의 내용은 인간들 사이에서 야기되는 갈등, 편견, 적대의식 등 비평화적 현상으로

부터 야기되는 많은 문제를 대화와 합의를 통해 해결할 수 있는 능력을 길러 주는 것이어야 한다(정영수, 1993).

1) 목표

Hicks(1987)는 평화교육의 목표를 기술, 지식, 태도의 형성이라는 세 가지 측면으로 제시하였다.

① 기술 : 비판적 사고, 협력, 공감, 단호함, 갈등해결, 정치문제 등

② 지식 : 갈등, 평화, 전쟁, 핵, 정의, 권력, 성, 인종, 생태학적 미래에 관한 문제 등

③ 태도 : 자아존중, 타인 존중, 생태학적 관심, 열린 마음, 정의에 대한 헌신 등

2) 내용

Tayler(1995; 강원도보육정보센터(2010)에서 재인용)는 평화교육의 목표를 평화를 추구하는 사람 되기, 환경과 자연을 존중하기, 다른 특별한 것에 대해 동정심 갖기, 다른 문화에 대해 인식하기 등 4가지 측면으로 분류하였다. 관련된 내용을 제시하면 다음과 같다.

(1) 평화를 추구하는 사람 되기 : 말의 개념 이해하기

- 예절과 경우에 맞는 표현을 사용하여 대화하기
- 경쟁을 줄이고 서로 협력하기
- 서로를 배려하여 나누기
- 평화를 촉진하는 활동들(노래, 이야기 등)

(2) 환경과 자연을 존중하기 : 자신을 깨끗이 하기

- 자신 주위의 것을 깨끗이 하기
- 자연을 즐기기
- 환경오염의 원인을 알아보고 보존을 위한 방법 실천하기
- 교실에서 식물과 동물 키우기
- 식물, 동물을 보호하고 어떻게 잘 키울 수 있는지 알아보기
- 자연 순환 과정에 대해 알아보고 자연의 소중함 알기

(3) 동정심 갖기 : 모든 개인을 존중하기

- 꾸중이나 과보호하지 않으면서 도움이 되기
- 자신을 인정하기
- 특별히 필요한 장비들(휠체어, 보청기, 심장 보조기 등)의 사용에 대해 배우기

(4) 다른 문화에 대해 인식하기 : 다른 민족의 전통을 인정하기

- 다른 가치와 정의를 존중하기
- 다른 문화에 대해 관심 갖기
- 다양한 문화를 접할 수 있는 장소와 사람을 방문하기
- 타문화에 대한 부정적 개념이나 고정 관념을 피하기

강원도보육정보센터(2010)는 유아기 평화교육을 위한 활동 영역 4가지로 구분하고 각 영역에 따른 활동 내용을 제시하였다.

① **가족 영역** : 가족 간의 화목, 가족의 소중함

② **사회 및 인간관계 영역** : 교실에서의 평화, 왕따 문제, 성 차별, 직업 차별, 장애인 불평등, 갈등, 오해, 싸움, 폭력, 인터넷 악플, TV폭력

③ **문화 및 국제 관계 영역** : 세계의 사람들, 다문화, UN, 민족, 인종, 남북분단, 전쟁, 통일

④ **환경 영역** : 환경오염, 생태환경, 환경 친화적 활동, 에너지 절약

민정숙(2007)은 평화교육의 영역을 전쟁 및 폭력 방지를 위한 교육, 통일교육, 환경교육, 인권교육, 갈등해결교육 등 5가지 교육영역으로 제시하였다. Montessori(1970)는 유아기 평화교육의 하위영역으로 자기인식, 사회인식, 문화인식, 환경인식과 관련된 일반적인 내용들을 포함하였다.

3. 국가수준 교육과정과의 연계

본 서에서 제시하고 있는 활동들을 국가수준 교육과정과 연계하면 다음과 같다.

주제	소주제	활동명	대상 연령		누리과정 관련 연간 주제
			4	5	
내 안의 평화	나를 이해하고 수용하기	우리집, 내방을 만들어요	○		나를 알기
		감정 관찰하기	○	○	나의 감정 조절하기
	적절하게 표현하기	오늘 나의 기분을 표현해요	○	○	나를 알기
		어떤 감정인지 표현해요		○	나와 다른 사람의 감정
		걱정의 벽		○	나와 다른 사람의 감정

주제	소주제	활동명	대상 연령		누리과정 관련 연간 주제
			4	5	
	부적절한 환경 통제하기	늑대가 들려주는 아기돼지 삼형제	○	○	듣고 이해하기
		장애 체험	○	○	지역사회에 관심 갖기
		장애를 극복한 인물		○	친구와 사이좋게 지내기
	나를 가치롭게 하기	TV안보기 운동	○	○	건강한 일상생활
가정에서의 평화	가족을 인식하기	우리 가족의 수		○	수, 연산 기초개념 형성
		누군지 알 수 있어요		○	가족과 화목하게 지내기
	가족들의 다름을 알기	발자국을 따라 걸어요	○	○	기초적인 측정
		우리 가족 감정카드	○	○	나와 다른 사람의 감정
		가족들이 싸웠어요		○	느낌, 생각, 경험 말하기
	가족들을 이해하고 화목하기	가족의 마음을 생각해요 1		○	가족과 협력하기
		가족의 마음을 생각해요 2		○	가족과 화목하게 지내기
		가족 함께의 날	○	○	가족과 화목하게 지내기
유아교육 기관과 사회에서의 평화	의사소통	어떤 말을 할까?		○	낱말과 문장 듣고 이해하기
		나쁜 말, 상처 주는 말을 찾아요	○	○	상황에 맞게 바른 태도로 말하기
	공감을 위한 노력	사이좋게 지내기 위해 할 수 있는 방법	○	○	나와 다른 사람의 감정으로 표현하기
		싸울 때의 규칙 정하기	○	○	공동체에서 화목하게 지내기
		남의 물건 가져오지 않아요.	○	○	상황에 맞게 바른 태도로 말하기

주제	소주제	활동명	대상 연령		누리과정 관련 연간 주제
			4	5	
	합리적인 방법	선장을 뽑아요		○	느낌, 생각, 경험 말하기
		둘이 하나로, 전쟁의 원인을 알아요		○	상황에 맞게 바른 태도로 말하기
	나라와 국가	우리나라에 대하여 알아요		○	우리나라에 관심 갖고 이해하기
		군인아저씨에게 궁금한 것이 있어요	○	○	우리나라에 관심 갖고 이해하기
환경의 평화	자연의 탐색	자연에서 나는 소리	○	○	호기심 유지, 확장
		나무가 되어요	○	○	생명체와 자연환경
		바람을 따라가요	○	○	자연 현상 알아보기
		물탑 무지개		○	자연 현상 알아보기
	자연의 변화 관찰	얼음 그림	○	○	물체, 물질 알아보기
		화산폭발 실험		○	물체, 물질 알아보기
		오염된 물 속 세상	○	○	탐구과정 즐기기
	환경파괴 경험	하루쓰레기 양은 얼마나 될까?	○	○	호기심 유지, 확장
		에너지가 부족하면 어떻게 될까?		○	탐구과정 즐기기
	환경보호 실천	태양이 어떻게 에너지가 될까?		○	도구, 기계 활용
		에너지 절약 책 만들기		○	도구, 기계 활용
		간이 정수기 만들기		○	호기심 유지, 확장

참고 문헌

강원도보육정보센터(2010). 그린평화 보육과정. 강원도보육정보센터.

김범수(2009). 학교 폭력의 실태와 예방대책에 관한 연구. 한남대학교 박사학위청구논문.

김영옥 · 서현 · 박형신 · 정상녀 · 윤경선 · 박미자 · 이나영(2008). 유아 다문화교육의 통합적 적용. 서울: 학지사.

민정숙(2007). 한국사회의 갈등해결을 위한 평화교육 실천방안에 관한 연구. 인하대학교 박사학위청구논문.

정영수(1993). 평화교육의 과제와 전망. 교육학 연구, 31(5), 173-193.

청소년폭력예방재단(2011). 학교폭력 실태조사 결과 보고서. 청소년폭력예방재단.

최장원 · 김희진(2011). 가정폭력이 청소년의 정신건강에 미치는 영향 : 자아개념의 매개효과를 중심으로. 청소년학연구, 18(1), 73-103.

학교폭력예방 및 대책에 관한 법률, 제9932호, 2010. 01. 18.

한국유아교육학회(1997). 유아교육사전. 한국유아교육학회.

Hicks(1993). 평화교육의 이론과 실천. 고병헌 역. 파주: 양서원.

Montessori, M.(1970). 몬테소리의 교육과 평화. 조성자 역. 서울: 창지사.

Rohrs, H.(1992). 평화교육학. 김건환 역. 서울: 배영사.

제 2 부

학교폭력의 예방을 위한 유아교육기관의 평화교육활동

제3장

학교폭력의 예방, '나'에서부터

내 안의 평화와 관련된 활동들

1. 우리 사회 둘러보기
2. 활동 전 알아야 할 것
3. 활동
4. 참고할 만한 자료들

내 안의 평화란 나를 객관적으로 인식하고 수용하는 일, 나 자신을 긍정적이고 가치로운 사람으로 평가하는 일, 부정적인 감정을 적절한 방법으로 조절하고 타인과 원만한 관계를 맺는 일, 나 자신의 재능을 발견하고 개발하는 일, 부적절한 환경으로부터 자신을 통제하고 바람직한 환경으로 변화시키는 일 등을 통해 사회 안에서 가치로운 한 인간으로서 개발하고 훈련하는 과정을 의미한다.

본 장에서는 내 안의 평화를 파괴하는 사회 저변의 현상들을 살펴보고, 그 원인과 결과를 탐색해 본다. 또한 우리 생활 가운데 나를 개발하고 가치로운 인간으로 훈련할 수 있는 방법을 찾아보고 실천해 보는 것을 목표로 한다.

내 안의 평화

우리 사회 둘러보기	활동 전 알아야 할 것들	활동	자료들
- 엄마가 말하길 제 꿈은…… - 인터넷에 빠진 아이 - 죽고 싶다는 자녀에, 부모 "설마"	- 유아기 사교육 - 인터넷, 스마트폰 중독 - 유청소년 자살 - 어려움을 극복한 인물들	- 우리 집, 내 방 - 감정 관찰 - 나의 기분 표현 - 어떤 감정일까 - 걱정의 벽 - 늑대가 들려주는 이야기 - 장애 체험 - 장애를 극복한 인물 - TV 안보기 운동	- 동화자료 - 견학할 만한 곳 - 동영상 자료

1. 우리 사회 둘러보기

엄마가 말하길 제 꿈은 하버드대 편입이래요.

극단적인 경쟁으로 내모는 사교육이 아이들을 병들게 만든다. 그 실태를 짚어 봤다.

서울 강남구 대치동 은마아파트 입구 사거리. 허겁지겁 햄버거를 먹고 있는 A학생(14, 개포동)에게 조심스레 말을 건넸다. A학생은 예술고등학교 진학을 위해 영어, 수학, 과학, 바이올린 학원에 다닌다. 방학 중이지만 일정을 모두 소화하려면 아침잠을 잘 수 없다. 수업 일정은 아침 9시부터 밤 10시30분까지 빡빡하게 짜여 있다. 학원이 끝나도 쉴 수 없다. 밀린 과제가 많다. 학원에서 배우지 않는 중국어는 학습지로 공부하고, 역사 등의 과목은 자습한다.

"오히려 방학이 더 바빠요. 새벽 3시쯤에 잠들어서 아침 8시에 일어나요. 이렇게 해도 숙제가 워낙 많아서 다 못해요." '놀고 싶지 않느냐'고 물어 봤다. "아니"란다. 다른 학생들도 전부 그렇게 하는데, 자기 혼자 뒤처질 순 없지 않느냐고 그 학생은, 수줍게 되물었다. "어제도 아빠가 '학생의 본분'에 대해 얘기하셨어요." A학생은 어머니의 전화를 받더니 "다음 학원에 가야 한다"며 총총히 자리를 떴다.

전쟁을 치르는 아이들

고등학교에 진학할 예정이라는 아이들은 하루 절반 이상을 학원에 매여 있었다. B학생은 국어와 수학, 영어학원에 다니고 있다. 가장 어려운 과목은 수학이란다. 아직 고등학교 교복을 입지도 않은 학생이 고교 2학년 과정을 배우고 있었다. 역시 '놀고 싶지 않느냐'고 물었다. "가끔은 좀 쉬고 싶을 때가 있어요"라고 답했다. 그 순간이었다. 맞은편에서 기다리던 아이의 어머니가 조용히 다가와 아이에게 물었다. "숙제는 다 했니?" 더 이상 취재는 불가능했다. 아이는 "점심시간이 30분이라 빨리 올라가야 한다"고 속삭였다. 아이들은 고개를 숙이고 빠른 속도로 햄버거를 먹었다.

일대가 학원가라고 하지만 대낮에 돌아다녀서는 학생들을 찾기 힘들다. 하루 종일 학원 안에 붙어 있기 때문이다. 아이들은 마치 죄수처럼 짧은 시간을, 오직 밥을 먹기 위해 나왔다. 혼자 끼니를 때우는 아이들이 유난히 많았다. 개중엔 초등학생도 상당수였다.

"제 꿈은 하버드대 편입이래요."

이제 초등학교 6학년에 진학할 C 어린이.

C 어린이는 영어와 수학, 피아노, 그리고 종합학원까지 네 군데의 학원을 다닌다. 그마저도 일곱 군데에서 많이 줄인 편이다. 수학학원에서 내주는 숙제를 따라가기도 벅차서란다. 이렇게 해서 하루 총 10시간씩 수업을 듣는다. 특강이 있을 때는 시간이 더 늘어난다. 물론 특강료도 전부 과외비에 포함된다. 현재 영어는 중학교 과정, 수학은 수학경시대회 대비 과정을 배운다. 집으로 돌아오면 숙제를 해야 한다. 일찍 잠들면 밤 12시고, 보통 일주일에 사나흘은 새벽 2시가 넘어서야 잠든다. C 어린이의 꿈은 의사다. 서울대 치과대학에 진학한 후 하버드 대학에 편입할 계획이란다. 엄마가 한국의 대학에 다니다가 중간에 편입할 수 있다고 알려줬단다. "엄마가 스케줄을 짜줘요. 첫 학원에 엄마가 데려다 주고, 그 다음엔 제가 옮겨 다녀요. 엄마가 학원에 도시락을 싸 올 때도 있어요." 아이는 해맑게 웃다 시계를 바라보더니 일어났다. 다른 학원에 가야 한단다.

아이들을 괴물로 만들기

C 어린이의 사례는 이른바 '강남 학원족'의 가장 일반적인 유형이다. 대치동 일대 거주민은 대부분이 인근 아파트에서 전세로 사는 외부 입주민이다. 입주 목적은 오직 교육이다. 사교육시장에서 오래 몸담았던 이범 서울시교육청 정책보좌관은 대치동이 '뜨는' 이유를 다음과 같이 풀었다. "대치동 주민 대부분이 자녀가 초등학교 때 입주한다. 당연히 이들은 '강남식 교육관'에 동의한다. 부모 대부분이 고학력에 중산층 이상이다. 재벌처럼 자녀에게 물려줄 자산이 많지 않은 이들은 자신들이 성공한 방식 그대로, 자녀도 오직 '공부'로 성공하길 바란다. 그 열망이 아이들을 옥죈다. 그러나 사교육 효과는 크게 부풀려져 있다. 성공사례만 알려지지, 상당수 실패사례는 알려지지 않는다. (사교육에 다 걸기하는 게) 결코 효율적인 공부 방법은 아니다"라고 강조했다. 중학생의 경우 하루 두 시간을 넘는 사교육은 성적 향상 효과가 미미하다는 한국개발연구원(KDI) 분석 결과도 있다.

그럼에도 아이들에 대한 과도한 채찍질이 중단되지 않는 이유는 간단하다. 약간의 성적이라도 더 오를 수 있다면, 학부모들은 얼마든지 더 많은 사교육을 시킬 준비가 돼 있다. 자녀교육에 효율성은 전혀 고려의 대상이 아니다. 이번 대치동 고교생 자살사건에서처럼, 아이들이 상처입고 병든다는 것을 알면서도 이 경쟁은 멈출 수 없다.

대기업 연구원인 남편과 맞벌이를 하다, 자녀교육을 위해 전업주부가 된 박모씨(39)는 "내 자녀는 저렇게 키우지 말아야지 하다가도 정신을 차려 보면 어느 새 내 아이를 학원으로 내몰고 있더라"며 "주부들의 모임에서 갖가지 정보가 오간다. 그 그룹에 끼면 '내 아이만 뒤처진다'는 불안감 때문에 학원에 보내지 않을 수 없다. 가만히 있으면 무조건 밀려난다"고 했다.

전형적인 마이너스섬 게임이다. 사교육 경쟁이 과열될수록, 아이는 힘들어지고 가계 재정은 나빠진다. 이 게임에서는 누구도 이득을 보지 못한다. 그러나 아주 작은 이익이라도 난다는 믿음이 학부모들의 사회를 지배하는 이상, 멈출 수 없다.

이런 마당에서 어떤 대책이 이 고리를 끊을 수 있을까. 이범 보좌관은 "대학 서열화로 인해

'자녀 교육을 목적으로 강남으로 이주했다, 막내까지 입시를 끝내면 빠져 나가는' 선순환 구조가 확실하게 자리잡았다. 비강남권도 그 정도가 다르지 방식은 비슷하다"며 "어떤 교육정책을 쓰든, 대학 서열화라는 근본적인 문제를 해결하지 않으면 사교육 열풍은 해결 불가능하다"고 단언했다.

출처 : 프레시안 (2012. 02. 17) 이대희 · 김윤나영 기자
http://www.pressian.com/article/article.asp?article_num=30120216175008

인터넷에 빠진 아이…… 이젠 학교 접속을

인터넷 중독되면 대인 기피증

말 그대로 약간 흐트러진 정도라면 괜찮다. 그러나 방학 전보다 인터넷 사용시간이 2배 이상 늘었다면 세심한 관찰이 필요하다.

포털사이트나 블로그를 주로 이용한다면 '심각한' 상황은 아니다. 그러나 게임이나 채팅에 빠져들었다면 얘기는 다르다. 인터넷을 통해 대리만족을 추구하고 있다는 해석이 가능하다. 아이에 따라 다르지만 대부분 이때부터 말이 적어진다.

이 단계부터는 '탈 억제'현상이 나타난다. 이성에 의해 억제됐던 감성의 고삐가 풀리는 현상으로 게임 중독자에서 많이 볼 수 있다. '게임고수'일수록 학교생활에서 얻지 못했던 지위를 얻게 돼 탈 억제 현상이 더 심하다.

익명성의 폐해도 이 무렵부터 나타난다. 이를 정신의학에서는 '페르조나 현상'이라 부른다. '가면을 쓴 인격'이란 뜻으로 자신이 설정한 캐릭터 뒤에 숨어 실제 공간에서 하지 못했던 행동을 하며 쾌감을 느끼는 것을 말한다.

인터넷 중독의 최종단계는 현실과 가상세계를 구분하지 못하는 것. 아이들은 통제력을 잃고 대인기피증을 보이며 가상세계와 현실을 구분하지 못한다. 이 무렵부터는 본격적으로 정신과 상담과 치료를 받아야 한다.

출처 : 동아일보 (2005. 8. 23) 김상훈 기자

출처 : http://news.naver.com/main/read.nhn?mode=LSD&mid=sec&sid1=102&oid=020&aid=0000312634

자녀들 이런 증상 땐…… 자살 가능성 죽고 싶다는 자녀에 부모 80% "설마……"

부모 자식 간 소통 없고 자살 징후에도 무심
"자살 선택하는 청소년 고민 나눌 상대 없기 때문"

중학교 2학년, 한창 예민한 시기에 윤식(15·가명)이는 외톨이었다. 학교에서는 친구들과 전혀 어울리지 못했고 집에서는 게임에 빠져 살았다. 게임 속 캐릭터가 유일한 이야기 상대였다. 윤식이의 부모는 매일 말없이 컴퓨터 앞에만 앉아 있는 아들이 답답했다. "밖에 나가서 좀 놀아!" 안타까움에 아들에게 큰 소리를 내기 시작했고 아버지는 매까지 들었다. 부모는 몰랐지만 우울증을 앓던 윤식이는 결국 2007년 9월 아파트에서 스스로 몸을 던졌다. 응급차에서 실려가며 윤식이가 마지막으로 남긴 말은 이것이었다. "엄마, 나 너무 외로웠어요."

여고생 미나(16·가명)도 부모의 일방적인 다그침, 대화 단절로 극단적인 선택을 했다. 기상시간부터 친구관계까지 자신의 모든 생활을 감시하는 어머니에게 불만이 컸던 미나는 평소 "죽고 싶다." "이럴 거면 죽어버릴 거야"라고 입버릇처럼 말했지만, 그럴 때마다 돌아오는 엄마의 말은 "차라리 죽어버려"였다. 결국 미나는 집 화장실에서 스스로 손목을 그었다.

청소년 자살을 예방하기 위해서는 자살징후에 대한 부모의 지식과 대처가 가장 중요하다는 지적이 나오고 있다. 자녀 가까이에 있으면서도 자살징후를 무심하게 넘기는 바람에 자살로 이어지는 경우가 많다는 것이다.

정택수 생명나눔본부 팀장은 "자살한 학생들의 사례를 보면 자살징후를 보이는데도 부모가 간과한 경우가 약 80%에 달한다"고 지적했다. 그는 "부모들이 '설마 정말 죽겠어'라는 생각으로 무시하거나 오히려 몰아세우는 일도 있는데, 그런 경우 자살로 이어질 가능성이 크다"고 말했다. 황순찬 송파정신보건센터 상임팀장은 "자살을 시도한 후 치료를 받고 생존한 청소년들 중에서도 부모와 함께 상담센터를 찾아와 상담을 받는 경우는 10명 중 2명 정도에 불과하다"고 부모의 무관심을 지적했다.

통계청의 '2012년 청소년 통계'에 따르면 우리나라의 만 15~24세 청소년 가운데 지난 1년간 한번이라도 자살하고 싶다는 충동을 느낀 비율은 8.8%로 나타났다. 또 2010년 기준 청소년의 사망 원인 중 1위는 자살로 10만명 당 자살자수가 13명에 이른다.

황 팀장은 "자살을 선택하는 청소년의 공통점은 고민을 나눌 상대가 없거나 정서적 지지자가 없다는 것"이라며 "자녀에게 이상한 점이 발견되면 무조건 수용적인 태도로 대화를 해야 하고, 심각하면 즉시 전문가에게 도움을 청해야 한다"고 조언했다.

출처 : 한국일보 (2013. 01. 21) 손효숙 · 정지용 기자
http://news.hankooki.com/lpage/society/201301/h2013012102372321950.htm

2. 활동 전 알아야 할 것

1) 유아기 사교육

초 · 중 · 고등학교 학생들의 사교육 열풍과 더불어 유아기 사교육의 열풍이 가속화되어 가고 있다. 유아 사교육 관련 연구 결과를 분석하면, 우리나라 조기교육 열풍은 이미 과열되어 있어, 만 3세 이전에 학습지를 구독하거나, 영어, 체육, 음악, 미술 등의 각종 학원 프로그램에 참여하는 현상이 지속적으로 증가되고 있다. 또한 시간제 과외비 지출은 유치원 · 어린이집 등의 교육비 지출보다 더 많은 것으로 나타나고 있다(나정 외, 2003).

전국 사립 유치원을 대상으로 한 연구의 결과에 의하면(이기숙 외, 2001), 영어, 수학, 한글 등의 특기교육을 받고 있는 유아들이 전체의 86% 정도이다.

특기교육을 받는 유아 비율

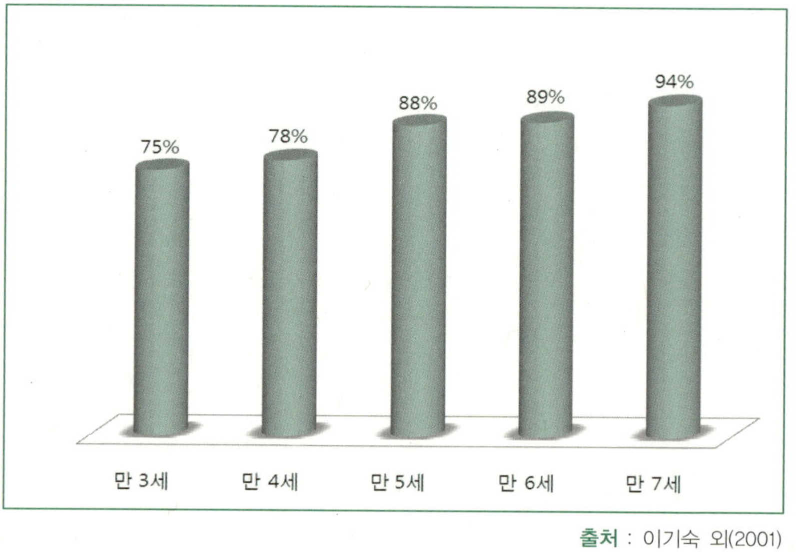

출처 : 이기숙 외(2001)

이들의 사교육비는 서울 지역의 경우 2004년 평균 12만 8천원(김지경, 2004), 2010년 15만 5천원(차성현 외, 2010), 2012년 61만 1천원(서문희 · 양미선, 2012)으로 기하급수적으로 늘어나고 있다. 이들 연구 대상 유아들이 사는 지역과 환경에 따라 다소의 비용 차이는 있겠으나, 가계의 소득이 500만원 이상인 경우에 유아기인 자녀의 학원비 지출이 높았고, 어머니가 대학원 이상의 학력을 가진 경우 고졸 이하의 학력을 가진 어머니에 비해서 약 3배 정도 학원 이용을 위해 더 많은 비용을 지출하고 있다(차성현 외, 2010).

이처럼 부모들이 인생의 초기인 유아기에 과도한 사교육을 고집하는 이유는 교육은 어릴 때 할수록 더욱 효과적이고 시간적으로 더 많은 여유를 확보할 수 있다는 신념 때문이다. 그러나 기하급수적으로 증가하는 가계의 사교육비 부담은 가정의 경제적 복지 수준을 저하시키고, 가정 경제를 위축시키며, 소득 수준에 따른 교육 기회의 불균형으로 계층 간 위화감을 심화시킨다(김지경, 2003). 뿐만 아니라, 과도한 사교육은 인생 초기 유아들의 발달에 부정적인 영향을 주거나 스트레스를 증폭시켜, 신체적 · 정신적으로 심각한 결함을 일으키거나, 과잉행동장애나 대인관계 기피증과 같은 질병을 유발할 수 있다.

2) 인터넷, 스마트폰 중독

중독이란 '특정한 기호, 습관 또는 행동에 빠지거나 자신을 내맡기는 상태(naver 국어사전)'이다. 이는 단순한 탐닉을 넘어 대상에 지나치게 몰두함으로써 그 대상으로부터 만족감과 편안함을 찾게 되는 의존성, 시간이 지남에 따라 점점 의존의 강도가 높아지는 내성, 그리고 대상과 접촉을 하지 않으면 부정적인 신체적 · 심리적 현상을 경험하게 되는 금단 증상 등을 수반하는 경우를 말한다.

중독은 크게 두 가지 유형으로 구분된다. 첫째는 물질 중독이다. 물질 중독은 알코올, 담배의 니코틴, 마약류 등과 같은 특정 물질에 의존하는 경우다. 둘째는 과정 중독이다. 과정 중독은 도박, 운동, 일 등 특정한 활동이나 행위에 의존하는 경우다.

유아동 또는 청소년들에게 흔한 인터넷 중독은 특정한 물질과 특정한 행위에 의존한다는 점에서 물질 중독과 과정 중독, 모두에 해당한다. 또한 인터넷에 대한 의존, 내성, 금단 증상이 반복되고 만성화되어 신체적, 인지적, 심리적, 사회적, 학업적 활동에 지대한 영향을 미치는 장애의 일종으로 진단한다(Young, 1996). 우리나라 청소년들의 인터넷 중독은 해가 갈수록 급증하는 추세다.

인터넷에 의존 현상을 보이는 사람들의 특징은 통제력 부재, 효율성 저하, 금단증상 등이다. 즉 인터넷에 의존 현상을 보이는 사람들은 인터넷의 사용 조절 능력인 통제력을 상실한다. 통제력의 상실은 지속적으로 수십시간 인터넷에 매달리게 되며, 계속적으로 인터넷을 사용하고도 효율적으로 일을 처리하지 못하게 되어 효율성을 떨어뜨리게 된다. 효율성의 저하는 내성이 생겨, 지속적으로 점점 더 많은 일의 효율을 저하시키게 되는데, 만약 인터넷 사용을 중단하게 되면, 짜증을 내고 안절부절 못하고 무기력해지는 금단 현상이 발생하게 된다. 결국 인터넷의 지나친 사용은 생활 전반에 부정적 결과를 초래하게 된다.

인터넷 중독과 더불어 최근 우려의 목소리가 높아지고 있는 것이 스마트폰 중독이다. 스마트폰의 스마트한 환경은 우리에게 재미와 편리함을 제공하여 급속도로 확산되고 있으며, 스마트폰의 확산과 더불어 스마트폰 중독도 가속화되고 있다. 2012년 행정안전부와 한국정보화진흥원의 발표자료에 따르면 스마트폰 중독률은 인터넷 중독률보다 7.7% 높은 것으로 조사되었다. 스마트폰은 최근 빠르게 보급되고 있고 컴퓨터보다 접근성이 더 뛰어나다는 점에서 스마트폰 중독은 더 큰 문제가 될 것으로 예측된다(이데일리, 2012. 5. 21).

연령별 (만 10세~49세) 인터넷 · 스마트폰 중독률 비교 (단위 : %)

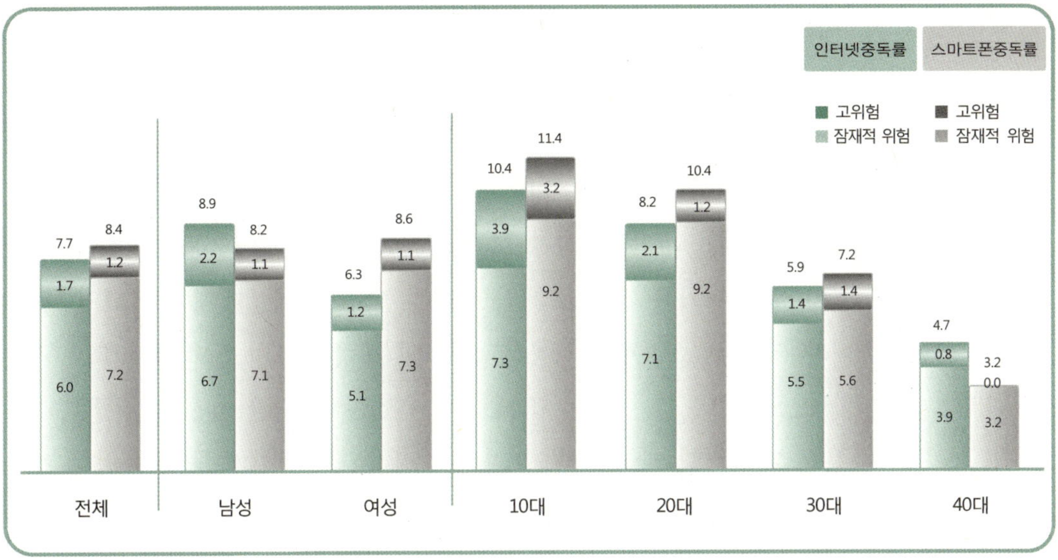

출처 : 행정안전부 · 한국정보화진흥원(2012)

연령별 (만 10세~49세) 인터넷 · 스마트폰 중독률 비교

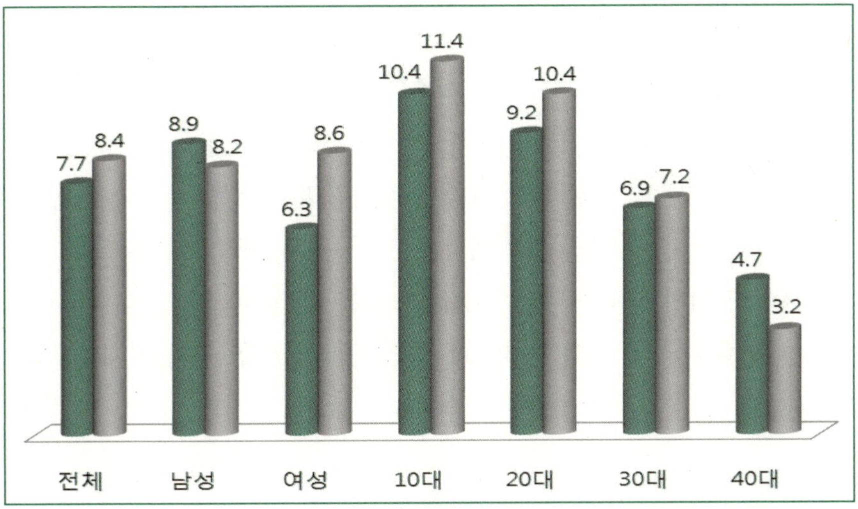

출처 : 행정안전부 · 한국정보화진흥원(2012), 이데일리(2012. 5. 21)를 토대로 재구성

스마트폰에 의존 현상을 보이는 사람들의 특징은 가족 간의 대화 단절, 신체 및 체력 기능의 저하, 정보 유출과 사생활 침해 등 부정적 영향이 지속적으로 보고되고 있다. 즉 스마트폰은 가족들이 사용하는 전자 매체를 개인이 전용하는 전자 매체로 전환되었음을 의미한다. 이는 개인에게 맞춤화된 매체를 만들 수 있어 개인의 개성을 나타낼 수 있다.

그러나 극단적인 개인주의를 강화시켰고, 단말기에 몰입하게 만들었다. 그 결과, 스마트폰은 가족 간의 관계와 대화를 단절시키는 매개체가 되었다. 뿐만 아니라, 과도한 스마트폰 사용은 신체 및 체력의 기능을 저하시키고, 뇌를 불균형적으로 발달하게 하며 ADHD 및 틱장애와 같은 질환을 유발하기도 한다. 눈은 계속적인 자극을 받아 시력이 저하되거나 난시 등을 유발할 가능성이 높다(한겨레신문, 2012. 9. 3).

3) 유청소년 자살

자살이란 스스로 자신의 목숨을 끊는(naver 국어사전) 행위로 정의할 수 있다. 대부분의 경우 자살은 당사자에게 심한 고통을 주는 위기나 어려움을 탈출하려는 시도일 수 있다(박병금, 2006). 청소년 자살의 경우, 발달적으로 급격한 심리·사회·생물학적 변화를 경험하면서 많은 갈등과 긴장의 위기를 경험한다. 더욱이 한국 사회에서는 사회적·문화적으로 부모의 기대와 학문적 성취의 압박, 흡연·비행·소외와 같은 위험행동의 유혹에 밀접히 접목되어 있기 때문에, 위기와 어려움을 탈출하려는 청소년 자살 시도는 심각한 수준이다.

OECD 국가 자살률 비교

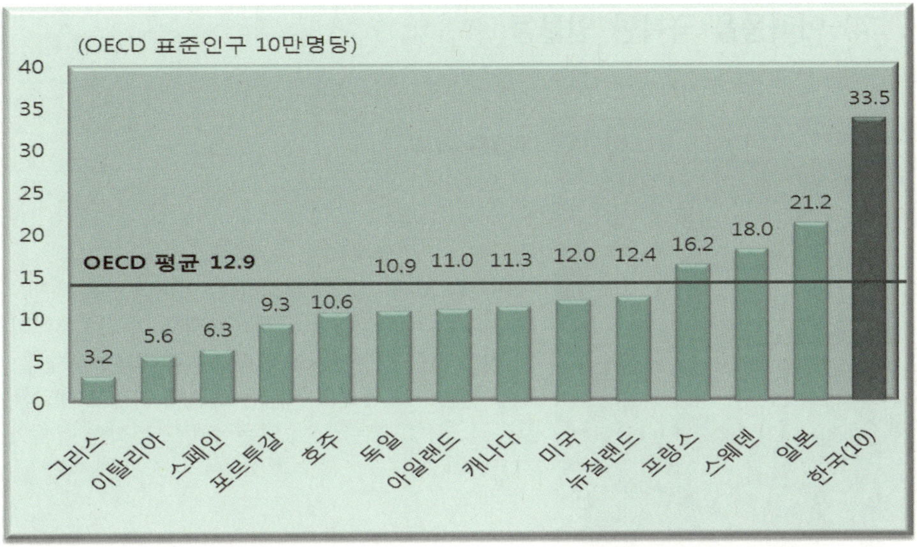

출처 : 이데일리 뉴스 (2012. 09. 13)

청소년의 자살은 자살행동 그 자체만이 아니라 생각, 의도, 시도 등의 일련의 자살행동으로 이해(Reynolds, 1988)해야 한다. 따라서 자살을 미연에 방지하기 위해서는 자살행동을 자살 생각에서 자살계획, 그리고 자살의 시도에 이어 죽음에 이르는 자살로 연결되는 하나의 연속체로 가정하여 자살 생각의 예방에서 출발해야 한다(박병금, 2009). 또한 청소년 자살을 미연에 방지하기 위해서는 자살을 생각하기 이전에 심리적, 사회적 병적 상태를 미연에 진단하고, 자아를 강하게 하고 가치롭게 여기는 과정이 선행되어야 할 것이다. 자아를 강하게 하고 자신을 가치로운 인간으로 판단하게 하는 과정은 일순간에 이루어질 수 있는 것이 아니기 때문에 유아 시기부터 지속적이고 연속적인 교육과 훈련을 필요로 한다.

4) 어려움을 극복한 인물들

사진출처 : naver 지식백과

우장춘 박사

1898 ~ 1959
한국이 낳은 세계적인 육종학자.
아버지는 조선 말기의 무신이며, 어머니는 일본인이다. 일본에서 출생하여 일찍 아버지를 여의고 홀어머니 밑에서 극심한 가난과 인종차별을 극복하였다. 학문적 열정으로 겨레의 식량난 해결에 힘쓰고 새로운 품종을 생산하였는데, 씨 없는 수박도 우장춘 박사의 작품이다.

사진출처 : naver 책

찰리 채플린

1889 ~ 1977
영국의 희극배우, 영화감독, 제작자.
부모의 이혼, 아버지의 죽음, 어머니의 정신발작, 고아원과 빈민구호소를 전전하는 불우한 환경을 극복하였다. 5세에 첫무대에 섰고, 17세에 영국 최고의 희극단 단원이 되었다. 현대의 인간소외 현상과 기계만능주의를 날카롭게 풍자하고, 세계 대전 발발 이후에 히틀러와 파시즘을 비판한다.

3. 활 동

활동명(1) 우리 집, 내 방을 만들어요.

활동 형태 소집단

활동 영역 신체, 사회, 구성

활동 목표

· 여러 가지 종류의 집에 대해 이해한다.
· 내가 살고 있는 집을 생각해 본다.
· 내 방을 블록으로 구성해 볼 수 있다.
· 나의 소중함을 인식한다.

누리과정 관련요소

· 사회관계〉나를 알고 존중하기〉나를 알기
· 사회관계〉사회에 관심 가지기〉세계와 여러 문화에 관심 가지기

활동 자료

블록, 다양한 집 또는 실내 사진

활동 방법

1. 우리가 살고 있는 집의 종류에 대해 이야기를 나눈다.

- 세계 여러 나라에는 어떤 종류의 집이 있을까?
- 우리나라에는 어떤 종류의 집이 있을까?
- 우리 집은 어떤 모양으로 만들어졌는지 이야기해 볼까?

2. 집의 구조와 공간에 대해 이야기를 나눈다.
   - 우리 집 안에는 어떤 방들이 있을까?
   - 방 이외의 다른 곳은 무엇이 있을까?
   - 무엇을 하는 곳일까?

3. 나의 방은 어떤 곳인지 이야기를 나눈다.
   - 내 방(또는 내가 잠자는 방)에는 어떤 물건이 있는지 이야기해 볼까?
   - 내 방(또는 내가 잠자는 방)에서 나는 어떤 일들을 하는지 이야기해 볼까?

4. 나의 방이 생긴다면 생각해 보고 이야기를 나눈다.
   - 멋진 나의 방이 생긴다면 어떤 모양일까?
   - 멋진 나의 방에 어떤 물건을 둘지 이야기해 볼까?
   - 멋진 나의 방에서 어떤 일들을 할지 이야기해 볼까?

5. 블록으로 멋진 내 방을 만들어 본다.
   - 내 방을 만들기 위해 어떻게 해야 할까?
   - 다양한 블록을 사용하여 내 방을 만들어 볼까?

6. 블록으로 만든 나의 방에서 다양한 놀이를 한다.

7. 활동을 마무리하고 어떤 느낌이 들었는지 이야기를 나눈다.
   - 나의 방을 만들어 보니 어떤 느낌이 들었니?

- 나의 방에서 어떤 놀이를 해 보았니?

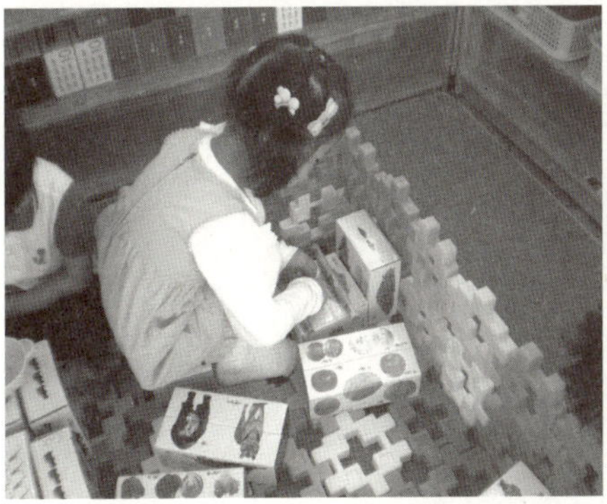

활동명(2)

감정 관찰하기

활동 영역 신체, 탐구

활동 목표

· 여러 가지 얼굴 표정을 지어 볼 수 있다.
· 여러 가지 얼굴 표정을 관찰하고 표현할 수 있다.

누리과정 관련요소

· 사회관계〉나와 다른 사람의 감정 알고 조절하기〉나의 감정 조절하기
· 사회관계〉나와 다른 사람의 감정 알고 조절하기〉나와 다른 사람의 감정 알고 표현하기

활동 자료

다양한 표정이 나타난 사진, 돋보기, 관찰지

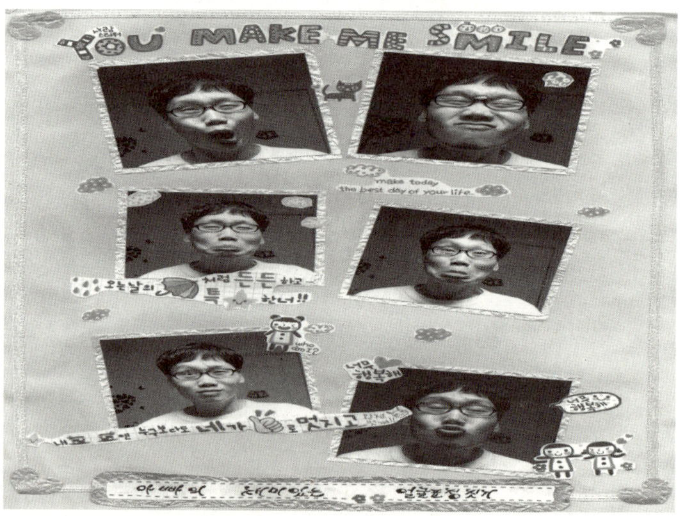

활동 방법

1. 좋은 기분과 나쁜 기분을 구별해 본다.
   - 좋은 기분은 무엇일까?
   - 나쁜 기분은 무엇일까?

2. 우리가 느끼는 다양한 감정은 무엇인지 이야기를 나눈다.
   - 기쁠 때는 언제일까?
   - 화 날 때는 언제일까?
   - 행복할 때는 언제일까?
   - 울고 싶을 때는 언제일까?

3. 다양한 감정을 느낄 때 우리들의 얼굴과 몸은 어떻게 변하는지 생각해 본다.
   - 기쁠 때 우리들의 얼굴은 어떤 모양일까?
   - 기쁠 때 우리들의 몸은 어떻게 변화할까?
   - 화가 날 때 우리들의 얼굴은 어떤 모양일까?
   - 화가 날 때 우리들의 몸은 어떻게 변화할까?
   - 행복할 때 우리들의 얼굴은 어떤 모양일까?
   - 행복할 때 우리들의 몸은 어떻게 변화할까?

4. 다양한 감정을 표현해 본다.
   - 기쁠 얼굴을 표현해 볼까?
   - 화가 난 얼굴을 표현해 볼까?
   - 행복한 얼굴을 표현해 볼까?
   - 속상한 얼굴을 표현해 볼까?

5. 다양한 감정을 표현할 때 얼굴과 몸이 어떻게 달라지는지 관찰해 본다.
   - 기쁠 때 우리들의 얼굴은 어떤 모양인지 관찰해 볼까?
   - 기쁠 때 우리들의 몸은 어떻게 변화하는지 관찰해 볼까?
   - 화가 날 때 우리들의 얼굴은 어떤 모양인지 관찰해 볼까?
   - 화가 날 때 우리들의 몸은 변화하는지 관찰해 볼까?
   - 행복할 때 우리들의 얼굴은 어떤 모양인지 관찰해 볼까?

화가 난 지영이 얼굴 관찰하는 모습

확장 활동

동물들도 감정을 표현하는지 탐색해 본다.

활동명(3) 오늘 나의 기분을 표현해요.

활동 형태 소집단

활동 영역 탐구, 표현

활동 목표

· 오늘 나의 기분을 느낄 수 있다.

· 나의 기분을 표현해 볼 수 있다.

누리과정 관련요소

· 사회관계>나를 알고 존중하기>나를 알기

· 사회관계>나와 다른 사람의 감정 알고 조절하기>나의 감정 조절하기

활동 자료

놀람, 슬픔, 기쁨, 화남 등의 감정이 표현된 '오늘 나의 기분' 교구

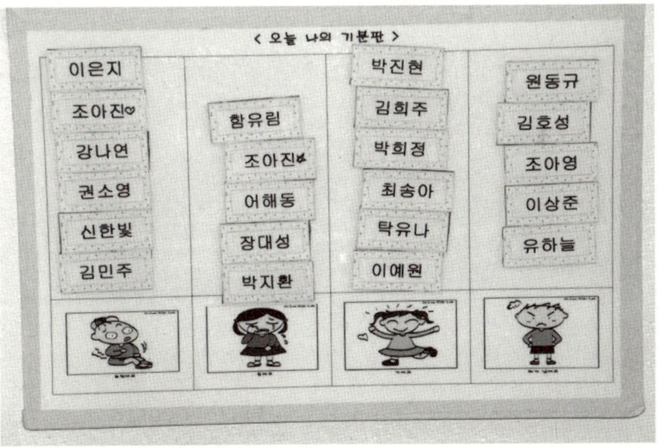

활동 방법

1. 지금 어떤 기분이 느껴지는지 생각해 본다.
   - 지금 어떤 기분이 느껴지는지 생각해 볼까?
   - 활동하면서 느껴지는 기분은 무엇일까?

2. 놀람, 슬픔, 기쁨, 화남 등의 감정을 표현해 본다.
   - 놀람, 슬픔, 기쁨, 화남 등의 감정을 기분판에 표시해 볼까?
   - 왜 이런 기분이 느껴지는지 이야기해 볼까?

3. 다른 사람들에게 나의 기분을 전달하는 방법을 생각해 보고 실천해 본다.

강아지랑 놀 때 제일 행복해요.

오늘 아침에 동생이 청소를 안해서 내가 삐졌어요. 그런데 엄마는 동생만 좋아해요. 난 슬퍼요.

확장 활동

다른 사람의 정서를 탐색하고 표현해 본다.

활동명(4) 어떤 감정인지 표현해요.

활동 형태 소집단

활동 영역 의사소통, 표현, 그리기 활동, 문학 활동

활동 목표

· 여러 상황 속에서 나타나는 표정을 관찰하고 감정을 이해할 수 있다.
· 여러 가지 감정들을 언어와 그림으로 표현해 본다.

누리과정 관련요소

· 사회관계〉나와 다른 사람의 감정 알고 조절하기〉나와 다른 사람의 감정 알고 표현하기
· 사회관계〉나와 다른 사람의 감정 알고 조절하기〉나의 감정 조절하기

활동 자료

여러 상황에서 나타날 수 있는 감정 및 표정 관련 사진이나 그림 자료

출처 : http://rosacafe.com

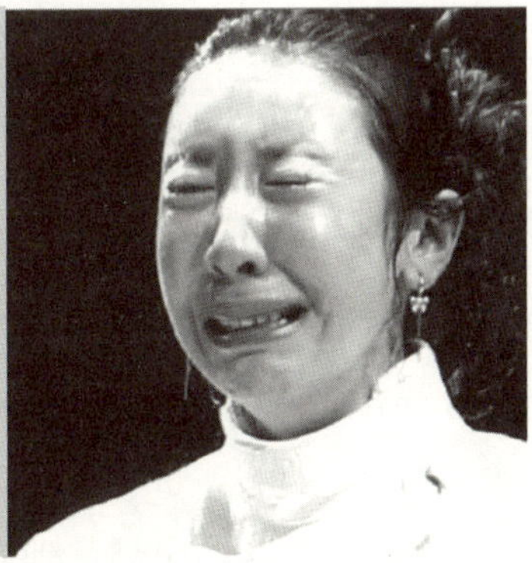
출처 : 이투데이 (2012. 8. 10)

출처 : OSEN (2012. 8. 2)

출처 : cafe.naver.com/williamzzang

출처 : cafe.naver.com

활동 방법

1. 여러 상황에서의 감정을 생각해 보고 이야기해 본다.
   - 놀란 경험을 이야기해 볼까?
   - 행복했던 경험을 이야기해 볼까?
   - 속상했던 경험을 이야기해 볼까?
   - 황당했던 경험을 이야기해 볼까?

2. 자료에 나타난 표정을 보며 이야기를 나눈다.
   - 어떤 표정인지 이야기해 볼까?
   - 자료의 모습을 따라해 볼까?
3. 자료의 표정을 해 보았던 경험이 있는지 이야기를 나눈다.
   - 자료의 표정을 해 보았던 경험이 있니?
   - 어떤 때 이러한 표정을 경험이 있니?
   - 어떤 기분과 느낌이 있었는지 얼굴과 몸으로 표현해 볼까?

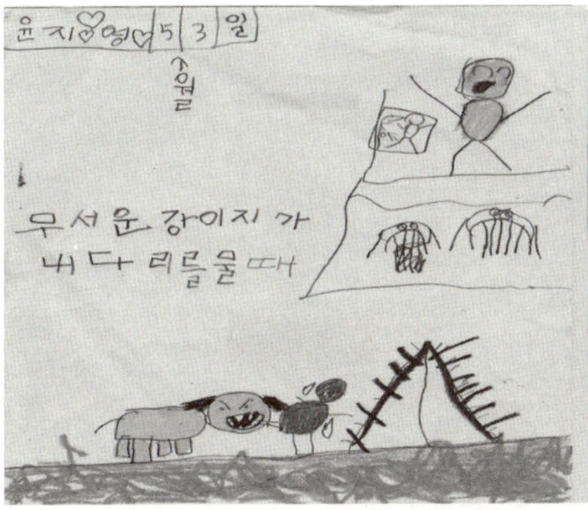

무서운 강아지가 내다리를 물때 무서웠어요.

말을 안하면 얄미워져요.

연관 활동

여러 가지 경험 떠올리기

활동명(5) 걱정의 벽

활동 형태 개별

활동 영역 언어, 탐색, 조작

활동 목표

· 걱정의 감정을 안다.
· 나에게 있는 걱정은 무엇인지 안다.
· 나에게 있는 걱정을 글과 그림으로 표현한다.
· 서로를 이해할 수 있다.

누리과정 관련요소

· 사회관계〉나를 알고 존중하기〉나를 알기
· 사회관계〉나와 다른 사람의 감정 알고 조절하기〉나와 다른 사람의 감정 알고 표현하기

활동 자료

필기도구, '걱정의 벽' 표지판, 책상, 의자

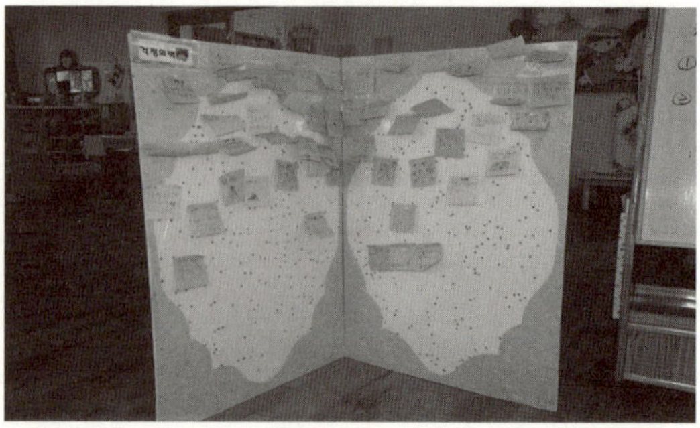

활동 방법

1. 여러 상황에서의 감정을 생각해 보고 이야기해 본다.
   - 놀란 경험을 이야기해 볼까?
   - 행복했던 경험을 이야기해 볼까?
   - 속상했던 경험을 이야기해 볼까?
   - 황당했던 경험을 이야기해 볼까?

2. 걱정했던 경험에 대해서 이야기를 나눈다.
   - 어른들이 걱정하시는 것을 들어 본 경험이 있니?
   - 걱정했던 경험이 있다면 이야기해 볼까?

3. 자유롭게 걱정하는 것들을 글과 그림으로 표현해 본다.
   - 2면 이상 벽으로 둘러싸인 조용한 곳에 '걱정의 벽' 표지판을 붙인다.
   - 책상 위에 필기도구(색연필, 연필, 포스트잇, 종이)를 정렬한다.
   - 의자 등을 배치한다.
   - 자유롭게 활동할 수 있도록 하되, 다른 유아들의 방해를 받지 않도록 지도한다.

우리들의 걱정들

매일 축구를 하고 싶은데, 추워서 못 할까봐 걱정이에요

활동명(6) 늑대가 들려주는 아기돼지 삼형제 이야기

활동 형태 대집단

활동 영역 이야기 나누기

활동 목표

늑대의 입장이 되어 보고 심정을 이해해 볼 수 있다.

누리과정 관련요소

· 의사소통〉듣기〉이야기 듣고 이해하기

· 사회관계〉다른 사람과 더불어 생활하기〉공동체에서 화목하게 지내기

활동 자료

동화책

책제목 : 늑대가 들려주는 아기돼지 삼형제 이야기
지은이 : 존 세스카
번 역 : 화의방
출판사 : 보림(2008)

늑대도 생각이 있습니다. 늑대도 자신을 이해해 주는 친구가 필요합니다. 아기돼지 삼형제에게 따돌림을 당하는 늑대의 입장을 이해해 보고, 원만한 관계를 갖기 위해서 어떻게 나의 생각을 전달하고 행동을 조절할 수 있을지 생각할 수 있게 합니다.

활동 방법

1. 늑대가 들려주는 아기돼지 삼형제 이야기를 읽고 이야기를 나눈다.
   - 늑대가 하고 싶었던 것은 무엇이지?
   - 첫째 돼지에게 간 이유는 무엇일까? 이때 늑대는 어떤 행동을 했지?
   - 둘째 돼지에게 간 이유는 무엇일까? 이때 늑대는 어떤 행동을 했지?
   - 막내 돼지에게 간 이유는 무엇일까? 이때 늑대는 어떤 행동을 했지?
   - 아기돼지들은 늑대를 어떻게 생각했을까?
   - 늑대의 기분이 어떠하였을까?

2. 친구에 대해 그릇되게 생각했거나 친구의 마음을 잘못 알았던 경험에 대해 이야기를 나눈다.
   - 친구에 대해 그릇되게 생각했던 경험이 있니?
   - 그 때 어떤 행동을 하였는지 이야기해 볼까?
   - 친구의 마음을 잘못 알았던 경험이 있니?
   - 그 때 어떤 행동을 하였는지 이야기해 볼까?

3. 친구에 대해 그릇되게 생각했거나 친구의 마음을 잘못 알았을 때, 적절하게 표현하는 방법은 무엇인지 이야기를 나눈다.
   - 내가 아기돼지라면 어떻게 행동했을지 표현해 볼까?
   - 내가 늑대라면 어떻게 행동했을지 표현해 볼까?
   - 다른 사람들에게 나의 마음을 표현하는 적절한 방법은 무엇일까?

4. 늑대의 입장이 되어 극놀이해 본다.
   - 소품을 준비하고 배역을 정하여 극놀이해 본다.

배역과 대사 정하기

역할극하기

활동명(7) 장애 체험, 장애를 극복한 사람들 이야기

활동 형태 대집단

활동 영역 신체활동

활동 목표

도움이 필요한 사람들에 대해 이야기해 보고 직접 경험해 봄으로써 그 사람들의 불편함을 이해할 수 있다.

누리과정 관련요소

· 사회관계〉다른 사람과 더불어 생활하기〉친구와 사이좋게 지내기
· 사회관계〉사회에 관심 가지기〉지역사회에 관심 갖고 이해하기

활동 자료

휠체어, 보청기, 점자책, 안대, 지팡이, 장애를 극복한 사람들 이야기

활동 방법

1. 장애를 가지고 있는 사람들에 대해 이야기한다.
   - 장애를 가지고 있는 사람들은 만나 본 적이 있니?
   - 다리가 불편한 사람들은 어떻게 다닐까?
   - 눈이 안보이는 사람들은 어떻게 다닐까?

2. 장애를 가지고 있는 사람들의 마음을 알아본다.
   - 장애를 가지고 있는 사람들의 기분은 어떨까?

3. 장애를 가지고 있는 사람의 역할을 해 봄으로써 그 사람들의 불편한 점을 이해한다.
   - 어떻게 하면 장애를 가지고 있는 사람들의 불편함을 이해할 수 있을까?
   - 장애를 가지고 있는 사람들의 입장이 되어 활동해 볼까?

4. 직접 경험을 해 본다.
   - 점자책을 보며 시각장애인의 입장이 되어 볼까?
   - 휠체어를 타보며 다리가 불편한 사람들의 입장이 되어 볼까?
   - 안대와 지팡이를 이용해서 시각장애인의 입장이 되어 볼까?
   - 보청기를 사용해서 청각장애인의 입장이 되어 볼까?

5. 입장이 되어 본 후 느낀점을 이야기한다.
   - 그 사람들의 입장이 되어 보니까 어떠 했니?
   - 어떤 것이 불편했니?
   - 어떻게 하면 그 사람들을 도와줄 수 있을까?
   - 길을 가다가 장애를 가지고 있는 사람들을 만난다면 어떻게 해야 할까?

장애들 가지고 있는 사람들의 입장이 되어 보기

활동명(8) 장애를 극복한 인물

활동 형태 대집단

활동 영역 이야기하기

활동 목표

장애가 있음에도 불구하고 극복해 낸 인물들의 이야기를 하면서 그들의 위대함을 느낄 수 있다.

누리과정 관련요소

· 사회관계〉다른 사람과 더불어 생활하기〉친구와 사이좋게 지내기

· 의사소통〉말하기〉자신의 느낌, 생각, 경험 말하기

활동 자료

장애를 극복한 인물 그림 자료

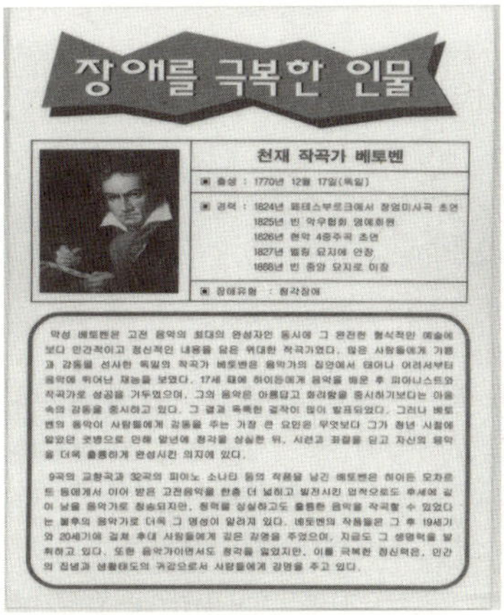

청각장애를 극복한 베토벤

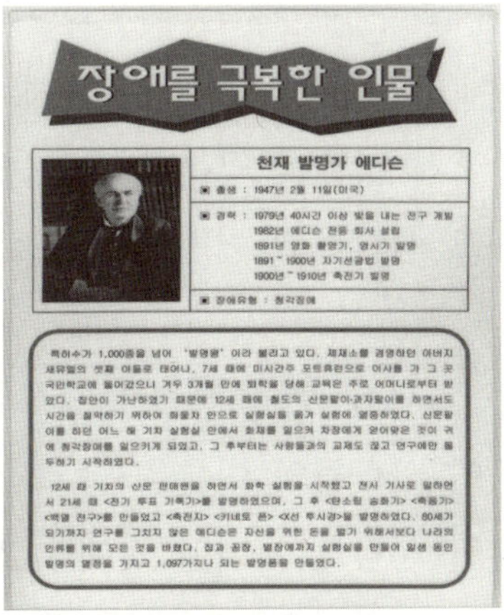

ADHD를 극복한 에디슨

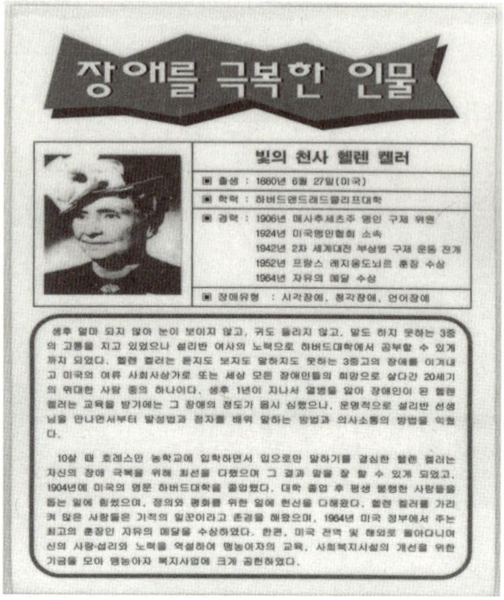

장애를 극복한 인물

빛의 천사 헬렌 켈러

▣ 출생 : 1880년 6월 27일(미국)

▣ 학력 : 하버드앤드래드클리프대학

▣ 경력 : 1906년 매사추세츠주 맹인 구제 위원
1924년 미국맹인협회 소속
1942년 2차 세계대전 부상병 구제 운동 전개
1952년 프랑스 레지옹도뇌르 훈장 수상
1964년 자유의 메달 수상

▣ 장애유형 : 시각장애, 청각장애, 언어장애

생후 얼마 되지 않아 눈이 보이지 않고, 귀도 들리지 않고, 말도 하지 못하는 3중의 고통을 지고 있었으나 설리반 여사의 노력으로 하버드대학에서 공부할 수 있게까지 되었다. 헬렌 켈러는 듣지도 보지도 말하지도 못하는 3중고의 장애를 이겨내고 미국의 여류 사회사상가로 또는 세상 모든 장애인들의 희망으로 살다간 20세기의 위대한 사람 중의 하나이다. 생후 1년이 지나서 열병을 앓아 장애인이 된 헬렌 켈러는 교육을 받기에는 그 장애의 정도가 몹시 심했으나, 운명적으로 설리반 선생님을 만나면서부터 발성법과 점자를 배워 말하는 방법과 의사소통의 방법을 익혔다.

10살 때 호레스만 농학교에 입학하면서 입으로만 말하기를 결심한 헬렌 켈러는 자신의 장애 극복을 위해 최선을 다했으며 그 결과 말을 잘 할 수 있게 되었고, 1904년에 미국의 명문 하버드대학을 졸업했다. 대학 졸업 후 평생 불행한 사람들을 돕는 일에 힘썼으며, 정의와 평화를 위한 일에 헌신을 다해왔다. 헬렌 켈러를 가리켜 많은 사람들은 기적의 일꾼이라고 존경을 해왔으며, 1964년 미국 정부에서 주는 최고의 훈장인 자유의 메달을 수상하였다. 한편, 미국 전역 및 해외로 돌아다니며 신의 사랑·섭리와 노력을 역설하여 맹농아자의 교육, 사회복지시설의 개선을 위한 기금을 모아 맹농아자 복지사업에 크게 공헌하였다.

청각. 시각. 언어 장애를 극복한 헬렌켈러

활동 방법

1. 장애를 가지고 있는 사람들의 불편함에 대해 이야기한다.
   - 우리가 만약 다리가 불편하다면 어떨까?
   - 우리가 만약 귀가 들리지 않는다면 어떨까?
   - 우리가 만약 말을 할 수 없다면 어떨까?

2. 장애를 극복한 사람들에 대해 이야기한다.
   - 혹시 장애를 극복한 사람들을 알고 있는 친구 있니?
   - 그 사람들은 어떤 방법으로 장애를 극복했을까?

3. 그림자료를 보며 장애를 극복한 사람들에 대해서 이야기를 나눈다.
   - 이 사람들의 이름을 알고 있니?
   - 이 사람들은 어떤 장애를 가지고 있었을까?
   - 어떤 방법으로 장애를 극복했을까?

활동명(9) TV 안 보기 운동

활동 형태 소집단

활동 영역 체험활동

활동 목표

· TV 안 보기를 위한 결단을 내린다.

· TV 시청 대신할 수 있는 일들의 목록을 만든다.

· 나를 알고 나를 개발하는 활동을 할 수 있다.

누리과정 관련요소

· 신체운동 · 건강〉건강하게 생활하기〉건강한 일상생활하기

· 사회관계〉나를 알고 존중하기〉나를 알기

활동 자료

TV, TV를 덮을 수 있는 보자기, 서약서, 필기구

활동 방법

1. TV 안 보기 운동에 대한 이야기를 나눈다.
   - TV 안 보기 운동에 대해 알거나 해 본 친구들이 있니?

2. TV 안 보기 운동을 위해 서약서에 도장을 찍는다.
   - (서약서를 보여주면서) 이것이 무엇인 것 같니?
   - 서약서를 본 적이 있니?

- 서약서에 내용은 무엇인지 같이 읽어 볼까?
- 서약서에 도장을 찍어 볼까?

3. TV를 보지 않는 대신에 할 수 있는 활동을 찾아본다.
   - TV를 보지 않는다면 어떨 것 같니?
   - TV를 보지 않는 대신에 어떤 활동을 할 수 있을까?

4. TV를 보지 않는 대신에 할 수 있는 활동의 목록을 만들어 본다.

TV 안 보기 서약서 작성과 선서

사진 출처 : http://blog.naver.com/artboxjinjup?Redirect

4. 참고할 만한 자료들

동화

책제목 : 쏘피가 화나면—정말, 정말 화나면
지은이 : 글 · 그림/몰리 뱅
번　역 : 이은화
출판사 : 케이유니버스(2003)

누구나 종종 화를 냅니다. 어린이들은 화가 나면 매우 공격적이 될 수 있습니다. 이 책은 화가 난 쏘피가 어떻게 해서 화를 해소하는지 어린이들에게 보여주고, 선생님을 비롯해 부모, 어린이들이 화가 날 때 그것을 어떻게 조절할 수 있을지 그림책을 보면서 함께 이야기를 나눌 수 있도록 꾸며져 있습니다.

책제목 : 고마워, 나의 몸!
지은이 : 글 · 그림/몰리 뱅
번　역 : 최순희
출판사 : 웅진닷컴(2010)

나와 세상에 대한 긍정적인 생각을 키워 주는 책입니다. 칼데콧 아너상 3회 수상작가 '몰리 뱅'의 철학이 담긴 그림책으로, 자신의 온몸에 고마움을 느끼고, 사랑받고 있다는 것을 깨닫게 될 것입니다. 또한, 머리끝부터 발끝까지 자신이 자랑스러워지면서, 온 세상을 가까이에서 느낄 수 있게 도와줄 것입니다.

책제목 : 착해지는 책
지은이 : 글 · 그림/데이
번　역 : 한별
출판사 : 현북스(2013)

사랑하는 사람을 껴안고 싶은데 어떻게 해야 할까요? 사랑 하는 마음만 앞서 와락, 꽉 껴안는다면 상대가 불편해질 수 있습니다. 포근하게 체온이 전해질 정도로 껴안으라고 착해지는 책은 말하고 있습니다. 사랑의 손길로 어루만질 때는 어떻게 어루만지는 것이 좋을까요? 장난스럽게 간질일 수도 있겠지만, 부드럽게 어루만지는 것이 상대를 더 기분 좋게 할 수 있습니다.

책제목 : 괜찮아
지은이 : 글/최숙희
출판사 : 웅진닷컴(2005)

"개미는 작고, 뱀은 다리가 없고, 타조는 못 날아요. 하지만 괜찮아요! 우리는 모두 잘 하는게 있어요." 다양한 동물의 생태 특징을 통해 생명의 건강함과, 또 특별한 것 없어 보이는 사람에게도 한 가지씩 잘하는 점이 있다는 것을 보여주는 그림책입니다.

견학할 만한 곳

- 경기도 어린이박물관 http://www.gcmuseum.or.kr/kr/
- 파주자연학교 http://www.nolgo.co.kr/
- 1m 체험클래식 http://www.1mclassic.com/main/index.php
- 서울상상나라 http://www.seoulchildrensmuseum.org

참고 문헌

김지경(2003). 사교육비 지출의 지역별 비교. KLIPS Research Brief No. 4. 한국노동연구원.

나정 · 서문희 · 유희정 · 박기백(2003). 영유아교육과 보육발전방안. 한국교육개발원.

동아일보. 2005. 8. 23. 인터넷에 빠진 아이, 이젠 학교 접속을.

박병금(2006). 청소년의 자살생각에 관한 생태체계 요인의 탐색. 충북대학교 박사학위청구논문

박병금(2009). 청소년 우울의 발달경로와 자살생각. 한국연구재단연구성과물. 서울디지털대학교.

서문희 · 양미선(2012). 유아 사교육비 추정. 이슈페이퍼, 2012. 04. 육아정책연구소.

이기숙 · 장영희 · 정미라 · 홍용희(2001). 창의적이고 전인적인 인적자원 양성을 위한 유아교육 혁신. 유아교육정책과제 2001-24. 교육인적자원부.

이데일리 뉴스. 2012. 9. 13. OECD 국가 자살률 비교.

차성현 · 김순남 · 김지경 · 박선욱 · 전경원 · 민병철(2010). 유아사교육 실태 및 영향분석. 연구보고 RR 2010-33. 한국교육개발원.

프레시안. 2012. 2. 17. 엄마가 말하길 제 꿈은 하버드대 편입이래요.

한국일보. 2013. 1. 21. 자녀들 이런 증상 땐, 자살 가능성 죽고 싶다는 자녀에 부모 80% "설마……"

한겨레신문. 2012. 9. 3.

행정안전부 · 한국정보화진흥원(2012). 2011년 인터넷중독 실태조사 요약보고서. 정보통신산업진흥원.

Young, K. S(1999). Internet akkiction: Symptoms, Evaluation, and Treatment. http://netaddicion.com/articles/symptoms.html.

Reynolds, W. M.(1988). Suicidal Ideation Questionnaire: Professional manual. Odessa, FL: Psychological Assessment Resources.

제 4 장

학교폭력의 예방, '가정'을 중시하며

가정에서의 평화와 관련된 활동들

1. 우리 사회 둘러보기
2. 활동 전 알아야 할 것
3. 활동
4. 참고할 만한 자료들

가화만사성(家和萬事成)이라 했다. 가정에서의 평화는 인간의 모든 일과 관계의 기초가 된다는 의미이다. 가정에서의 평화란 가족 구성원 서로가 아껴 주며, 뜻을 맞추려고 노력하고, 조화를 이루어 나아갈 때 가능하다. 그런데 21세기에 들어와서는 너무나 다양한 형태의 가족들이 발생하고 있어 우리를 혼란에 빠트린다. 전통적인 부부중심가족 이외에 한부모가족, 독신가족, 소년소녀가장가족, 조손가족 등이 그것이다. 다양한 형태의 가족들이 발생하고 있는 이 시점에서 우리가 심각하게 고민해야 하는 문제가 있다. 이는 전통적인 부부중심가족이 아니라고 해서, 다양한 형태의 가족들을 결손으로 간주할 것인가? 다양한 형태의 가족들에게는 평화나 사랑이 없는가? 진정 우리가 고민해야 하는 문제는 가족의 형태의 문제가 아니라, 가족관계의 질적인 문제이다.

본 장에서는 다양한 형태의 가족을 수용하고, 가족을 구성하고 있는 사람들의 특성을 살펴보며, 서로 이해하고 존중하는 방법과 가족의 소중함을 알고 사랑을 표현할 수 있는 방법을 탐색하고 이를 실천해 보는 것을 목표로 한다. 또한 이를 위하여 엄마·아빠라는 전통적인 가족의 명칭 사용을 지양하고, 가족이라는 통칭을 사용하였다.

가정에서의 평화

우리 사회 둘러보기	활동 전 알아야 할 것들	활동	자료들
- 저 돼지 아니라고요 - 술취해 아동학대 - 끝나지 않는 악몽, 가정폭력 - 초등생, 부모 체벌받은 뒤 숨져 - 오빠가 성폭행하고 아버지가 또 - 금기마저 넘은 근친 성폭행	- 가정폭력 - 자녀학대 - 성폭력	- 우리 가족의 수 - 누군지 알 수 있어요. - 발자국을 따라 걸어요. - 우리 가족 감정카드 - 가족들이 싸웠어요. - 가족의 마음을 생각해요 1. - 가족의 마음을 생각해요 2. - 가족 함께의 날	- 동화자료 - 견학할 만한 곳 - 동영상 자료

1. 우리 사회 둘러보기

저 돼지 아니라고요! 엄마 아빠 이혼하고……

열살 찬민이의 독백

안녕하세요. 저는 찬민이에요. 서울의 한 초등학교 3학년에 다니고 있어요. 저는 뚱뚱해요. 키는 140cm인데 몸무게는 56kg이에요(현재 한국의 만 9살 남자 아이의 평균 키와 몸무게는 137cm와 34.9kg이다. 찬민이는 과체중을 넘어 병적 비만에 해당한다.). 원래는 뚱뚱하지 않았어요. 갑자기 뚱뚱해진 건 부모님이 이혼한 뒤부터예요.

아빠는 구두를 만드는 공장에 다녔어요. 엄마는 예전에 일을 했다는데 절 낳고는 관뒀대요. 그런데 초등학교 들어간 지 얼마 안 돼서 아빠가 다니던 구두 공장이 부도가 났어요. 그 뒤 아빠는 집에만 있었어요. 자주 술을 마셨어요. 저녁에 엄마 · 아빠는 자주 싸웠어요. 어느 날, 아빠가 장사를 시작해 리어카에 각종 생필품을 팔았어요. 그런데 그것도 몇 달 하더니 관뒀어요. 엄마 · 아빠는 더 자주 싸웠어요. 여름방학이 끝날 때쯤 아빠는 집에서 나간 뒤 돌아오지 않았어요. 엄마는 "이제 엄마랑만 사는 거야"라고 했어요.

엄마는 식당에 나가기 시작했어요. 오후에 나가서 밤 11시쯤 들어왔어요. 살이 찌기 시작한 건 엄마가 식당일을 하면서부터였어요.

아침 7시쯤 일어나면 엄마는 자고 있어요. 엄마는 피곤하다며 부엌에 빵이 있으니 알아서 먹고 가라고 했어요. 저는 주로 식빵에 잼을 발라 먹었어요(식빵은 섭취 뒤 혈당의 상승도를 나타내는 '혈당지수'가 91로 도넛(86)이나 캐러멜(86)보다 높다. 고혈당지수의 음식을 장기간 섭취할 시 비만과 성인병에 노출될 확률이 높아진다.). 점심시간쯤 되면 배에서 '꼬르륵' 소리가 났어요(고혈당지수의 식품들은 혈당을 급격히 높인 만큼 빨리 떨어지게 만든다.). 배가 고팠다 먹으니 먹는 양이 늘어, 두 번씩 타 먹는 건 기본이었어요. 집에 오면 엄마는 없어요. 가끔 천 원짜리 한 장을 TV 옆에 놓고 나가요. 전 그걸 가지고 떡볶이나 튀김을 주로 사먹고, 남는 돈으론 오락을 해요.

부모님 이혼 뒤 찾아온 비만, 아침 제대로 못먹자 점심 폭식
식당일 엄마 밤에 들어오면, 식욕 못 참고 두 번째 저녁식사

이제부터는 혼자 있는 시간이에요. 주로 누워서 TV를 봐요. TV를 보면서 과자를 먹어요. 식탁

위에는 군것질거리들이 항상 있어요. 엄마는 밤 11시에 들어오면 그때 저녁을 드세요. 엄마가 일하느라 힘들어서 그런지 예전처럼 요리를 하지 않아요.

이런 생활을 1년 정도 하니 갑자기 몸무게가 늘기 시작했어요. 바지가 작아져 옛날 바지는 입을 수가 없었어요. 저는 먹는 걸 줄일 수가 없었어요. 엄마도 계속 빵이나 과자 같은 것만 사다 놨어요. 제가 다른 음식은 잘 안 먹기 시작했거든요.

채소 반찬은 사라진 지 오래, 피자 · 라면 · 치킨으로 때우기도
원래 식성 잃어버리고 편식, "돼지" 놀림에 대인 기피까지

학교에 가는 것도 그리 즐겁지 않아요. 우리 반 아이들 사진을 찍어 학교 홈페이지에 올려놨는데, 내 얼굴이 너무 돼지처럼 나온 거예요. 아이들이 사진을 보고 "돼지"라고 놀렸어요. 점심에 밥을 많이 먹으면 "돼지처럼 먹는다"고 또 놀렸어요. 저 스스로 위축이 됐어요. 밤에 엄마한테 말했더니 "너가 왜 돼지야"라며 화를 내셨어요. 나도, 엄마도 울었어요.

그래도 저 돼지라고 놀리지 마세요. 저, 돼지 아니라고요! 저도 살찐 거 싫다고요!

출처 : 한겨레오피니언 (2012. 03. 29) 이정국 기자 jglee@hani.co.kr

"술취해 아동학대, 일반 학대보다 더 충격"

서울시 아동복지센터 이기영 소장은 30년간 여성 · 아동 상담업무를 맡아 2000명 이상의 아동을 만나 왔다. 이 소장은 "술에 취해 흥분한 상태의 가해자에게 학대당한 아동들은 다른 학대보다 훨씬 더 큰 정신적 충격을 받는다"며 "우울증은 물론이고, 자존감이 크게 떨어져 평생 위축돼 살아갈 수도 있다"고 말했다. 다음은 일문일답.

주폭에게 학대당한 아동에게서만 관찰되는 특징이 있나.

"술만 먹으면 아이에게 소주병을 깨서 위협하고 소리를 지르는 미혼모가 있었다. 3살 때부터 학대당한 이 아이를 5살 때 발견해 시설로 데려 왔다. 아이에게 엄마에게 가고 싶으냐고 물으면 가고 싶다고도 하고 또 싫다고도 한다. 술 취한 엄마는 싫지만 엄마니까…… 양가감정(兩價感情)이 생기는 것이다. 주폭 가해자의 피해 아동들이 거의 다 이렇다. 어렸을 때부터 술만 마시면 성추행을 하는 아버지 때문에 괴로웠던 아이도 아버지에 대해 물으면 뭐라 해야 할지 망설인다. 아이에겐 너무나 큰 혼란이고 고통이다."

술 마시는 어른들에게 학대당한 어린이들의 말말말

술취한 아버지가 무서운 초등학생 박모(12) 군

"작년에 우리 아빠는 술에 취해 집안 유리창을 모두 깼다. 그리고 몽둥이로 내 머리를 때려서 병원에 가서 꿰맸다. 내가 제일 걱정하는 것은 '우리 아빠가 술에 취해 나를 때릴까'이다."

알코올 중독 아버지에게 평생 시달렸다는 대학생 김모(19)씨

"내가 4살 때 어머니가 집을 나간 뒤 우리 아버지는 변했다. 매일 오후 4시부터 1.8ℓ 페트병 소주를 마시기 시작하면, 이유도 없이 나를 때렸다. 술 취하면 때리고, 술 깨면 다시 술을 마시고 또 때리는 일이 새벽 2~3시까지 이어졌다."

아버지가 술 마시면 집 밖으로 도망가는 초등학생 이모(12) 군

"우리 아빠는 술 마시면 손이 올라간다. 그래서 아빠가 술을 마시기 시작하면 빨리 집 밖으로 도망간다. 지난번엔 아빠한테 맞아서 눈 주위와 귀가 멍들었다. 우리 아빠는 미친 것 같다."

아동 심리치료를 받는 장모(11) 군

"아빠는 술만 취하면 '이XX, 이XX' 하며 빗자루로 나를 때린다. 때릴 때 도망가면 더 맞았다. 종아리나 허벅지를 때려 멍이 들면 너무 아프다."

현재 제도에 문제점은 없나.

"선진국은 아동학대가 발견되면 가해자를 내쫓는다. 우리는 반대다. 피해자가 그곳을 떠나야 한다. 처벌이 너무 약한 것도 문제다. 분명히 또 반복될 텐데, 단지 가족이라는 이유로 가해자에 대한 조치가 제대로 이뤄지지 않고, 아이를 다시 가해자와 살게 하는 경우도 있다."

출처 : 조선닷컴 (2012. 06. 08)

〈끝나지 않는 악몽 가정폭력〉 폭력성 되물림…… 악순환 반복 또 다른 범죄자 만드는 가정폭력

사례 1. 10대 청소년 A군은 어릴적부터 아버지가 어머니를 때리는 것을 보고 자랐다. 늘 불안감과 알 수 없는 분노에 시달렸던 A군은 그 스트레스를 친구들에게 풀기 시작했다.

지나가는 아이들을 때리고 돈을 뺏던 그는 결국 법원으로부터 보호관찰 명령을 받았다.

사례 2. 고등학생 B군 역시 아버지의 폭행에 시달리는 어머니를 보며 자랐다. 그러던 중 어머니와 단 둘이 사는 상황이 됐다. 그런데 B군이 갑자기 자신의 아버지처럼 어머니를 때리기 시작했다. 아들을 위해 이 일을 숨기던 어머니는 결국 수차례 폭행을 견디지 못해 상담소를 찾아 아들의 폭행 사실을 알렸다.

전문가들이 가정폭력을 심각한 사회문제로 꼽는 이유는 바로 청소년들에게 끼치는 영향이 크기 때문이다. 직접 폭행을 당하는 경우는 물론이고 폭행을 목격해 온 아동·청소년들은 심각한 정서적, 심리적 불안을 겪는다.

한국형사정책연구원의 연구를 보면 가정폭력 상황에 노출된 청소년들은 낮은 자아존중감, 높은 불행감, 무력감, 거부감, 죄의식, 불안과 공포, 적개심 등을 나타낸다. 심하면 말을 더듬거나 틱장애 등 신체적 장애까지 발전되기도 한다.

전문가들은 청소년기의 정서적 불안은 극도의 분노나 강한 공격성을 형성시켜 폭력을 유발시킨다고 지적한다. 최근 사회적으로 문제가 되고 있는 학교폭력과도 큰 연관이 있다는 설명이다.

실제로 여성가족부의 2010년 가정폭력실태조사를 연구한 김재엽 연세대 사회복지대학원장은 "가정폭력을 경험하거나 목격한 아이들이 또래 친구들에게 폭력을 행사하는 학교폭력과 연관되는 경우가 일반 학생에 비해 2~3배 정도 높다"고 말했다.

가정폭력 환경에 노출된 자녀들이 성인이 되었을 때 폭력성이 대물림되는 경우가 많다.

한 상담소에 따르면 상담소를 찾는 피해자들 중 70%가 남편과 시아버지의 폭력성이 같다고 답하고 있다. 특히 어릴적 가정폭력으로 인해 각인된 남성이나 혹은 여성에 대한 잘못된 가치관은 성인이 됐을 때 특정 성별에 대한 맹목적 적대감을 형성시켜 강력범죄로까지 이어질 수 있다고 경고한다.

이명훈 인하대병원 정신과교수는 "직접 폭력을 당하지 않더라도 부모님이 싸우는 걸 목격한 아이들은 사람에 대한 적개심과 분노가 커져 타인을 때리거나 괴롭히면서 쾌락을 느끼기도 한다"며 "무조건 인과관계가 있다고 보긴 어렵지만 이런 아이들이 사람 자체를 신뢰하지 못해 '묻지마 폭행'같은 범죄를 저지를 수 있는 가능성이 있다"고 말했다.

출처 : 인천일보 (2012. 05. 03)

초등생, 부모 체벌 받은 뒤 잠자다 숨져

기마자세 벌세우고 구타

인천의 한 초등학생이 부모로부터 1시간 동안 체벌을 받은 뒤 잠자다 숨져 경찰이 정확한 사인을 조사하고 있다.

20일 인천 남동경찰서에 따르면 이날 0시 반경 인천 남동구 한 가정집에서 초등학교 2학년 김모(8) 군이 잠을 자다 발작을 일으키며 구토 증세를 보여 병원으로 옮겨졌으나 숨졌다. 김 군의 팔, 다리 등 20여 군데에서 멍 자국이 발견됐다.

김 군의 아버지(31)와 의붓어머니 A씨(35)는 19일 오후 7시경 김 군이 거짓말을 하고 말을 듣지 않는다는 이유로 집에서 기마자세로 벌을 세웠으며 효자손과 70cm 길이의 몽둥이로 번갈아가며 팔과 다리 등을 1시간 정도 때린 것으로 조사됐다. 김 군의 부모는 이전에도 김 군을 한두 차례 때렸다고 진술한 것으로 알려졌다.

출처 : 동아일보 (2013. 02. 21)
박훈상 기자 tigermask@donga.com

오빠가 성폭행하고 아버지가 또…… 근친성폭행 끔찍

제주도에서 끔찍한 근친성폭행 사건이 터졌다.

제주지방경찰청은 딸이자 여동생인 초등학생 C양을 수년간 성폭행해 온 아버지 A씨(46)와 오빠 B(16)군을 성폭력범죄의 처벌 등에 관한 특례법 위반 혐의로 지난 13일 구속했다.

경찰에 따르면 이 끔찍한 사건은 가정불화로 C양의 어머니가 2008년 가출한 후 일년 뒤부터 시작됐다.

초등학생 때부터 음란동영상을 탐닉한 B군이 당시 12세던 여동생 C양을 수차례 성폭행했다.

경찰 조사에서 B군은 "성추행을 하다가 충동적으로 성폭행을 했으며 이후 수차례 성폭행하는 동안 죄책감은 없었다."고 진술했다.

더욱 충격적인 것은 아들이 여동생을 성폭행하고 있다는 것을 안 아버지 A씨의 행동. A씨는 여동생을 성폭행한 아들을 꾸짖은 뒤 C양을 성폭행했다.

A씨는 "아내의 가출에 충격을 받은 상태에서 아들의 범행을 알고 괴로워하다가 술을 먹고 딸을 성폭행했다"고 말했다.

C양은 A씨가 모두 네 차례 성폭행했다고 경찰에 진술했지만 A씨는 한 차례뿐이었다고 주장했다.

아버지와 아들의 짐승 같은 범행은 최근 가출했다가 돌아온 아내가 C양의 언니에게 이 같은 사실을 듣고 제주지역 여성상담소에 도움을 요청해 알려졌다.

출처 : 한국일보 (2012. 07. 19)

금기마저 넘은 근친 성폭행 "삼촌 제발 그만요"

믿었던 가족에게마저 버림받고 심지어 성폭행당하는 사건들이 지난해부터 줄을 잇고 있다. 조카 성폭행으로 복역했다가 출소하자 또다시 범행을 저지르는가 하면, 조카 성폭행도 모자라 초등학생에게 성매수를 제의하고, 아예 일가족이 나서서 성폭행을 하는 등 나날이 그 강도와 수법이 잔혹해지고 있다. 대부분 범행은 형편이 어려워 함께 지내는 조카에게 일어났고 또 아주 어린 시절부터 시작돼 더욱 충격을 주고 있다.

가정형편 때문에 더부살이 하는 조카…… 보호는 커녕 도리어 성폭행

가족들은 그저 '쉬쉬'…… 가중처벌은커녕 실제는 솜방망이 수준

지난 2월 7일 인천부평경찰서는 자신의 집에서 함께 생활하던 조카를 수년에 걸쳐 성폭행한 A씨(53)를 성폭력 범죄의 처벌 및 피해자 보호 등에 관한 법률 위반 등의 혐의로 조사 중에 있다.

A씨는 지난 2008년 8월경 자신의 방에서 컴퓨터를 하는 조카 B양(15)을 등 뒤에서 껴안고 가슴 등을 만지며 한 차례 성폭행했고 지난달 3일 새벽 자고 있던 B양에게 휴대전화 문자를 보내 부엌으로 나오게 한 뒤 성폭행한 혐의도 받고 있다. 견디다 못한 B양은 A씨의 택시요금 문제로 신고를 받고 출동한 경찰관에게 이 같은 끔찍한 범행 사실을 털어놓았다.

사춘기도 안 된 아이를……수년간 번갈아 가며 성폭행

근친들의 엽기범행은 지난해부터 끊이지 않은 것으로 밝혀졌다. 지난 해 3월, 11살 조카를 성폭행해 5년간 복역한 40대 삼촌이 출소하자마자 조카 A양(18)을 또다시 상습적으로 강제추행해 징역 3년이 선고됐다.

같은 해 7월 이모씨(44)는 13세 조카 B양에게 "용돈을 주겠다"며 여관으로 불러 4차례 성폭행한 것으로도 모자라 집 근처에서 만난 초등학생 2명에게 "용돈 줄 테니 성관계를 하자"며 성매수를 권유한 혐의로 구속영장이 신청되었다.

10월엔 형제가 번갈아 가며 친조카 C양(17)을 수년 동안 성폭행해 구속 기소되고 전자장치 부착 명령을 받았다. 형제는 C양이 8살 때부터 성폭행을 시작해 8년간 수시로 이 같은 범행을 저질렀다. 체포 당시 C양은 짐승같은 범행에 의해 임신을 한 상태였다.

가장 최악의 사건은 '형제사건'과 같은 달에 벌어졌다. 무려 아버지, 할아버지, 삼촌 등 일가족 5명이 딸이자 손녀, 조카인 당시 17세 소녀 D양을 상습 성폭행한 것. 피해자는 11살이던 2004년부터 할아버지에게 상습적으로 성추행 당했다. 고모부와 작은아버지, 고종 사촌 오빠들은 명절날 때마다 번갈아 성폭행했다. D양의 보호자인 아버지는 방관만 해오다 2009년부터 딸을 성폭행하기 시작했다.

재판부에 제출된 증거기록에 따르면 D양은 "가족이 그러는 것은 성폭행인 줄 몰랐는데 중학교 2학년 때 성교육을 받으면서 성폭행을 당하고 있다는 것을 알게 됐다"고 밝혔다. 이어 "할머니와 새엄마에게 사실을 얘기했지만 '절대로 신고하면 안 되니 참아라'고 했다. 최근 아빠로부터도 이런 일을 당하고 나서는 신고해야 겠다는 생각이 들었다"고 진술해 담당관들을 경악하게 만들었다.

상습적 성폭행, 가족의 외면…… 멍들어 가는 동심

이 같은 근친 성폭행에는 세 가지 공통점이 있다.

첫째는 사춘기도 접어들지 못한 어린 나이부터 성폭력이 시작되었다는 것이다. 어린 시절 근친에 의한 성폭력은 개인의 일생 및 사회관계를 완전히 파괴할 수 있다. 일반적인 성폭력의 경우 그나마 가족이 도움이 될 수 있지만 근친 성폭력은 가족간 상호불신으로 인해 해체되고 고립되는 데 그 경우 피해자는 더욱 보호받을 수 있는 자리가 좁아지게 된다.

피해자는 가장 높은 신뢰관계에 있는 사람에게 당했기에 일생 동안 타인과 신뢰관계를 맺지 못하며 자기 자신조차 신뢰할 수 없는 상태가 된다. 외상 후 스트레스 증후군을 겪는 사람의 경우는 더욱 심각하여 우울, 공포증 등으로 정상적인 사회활동이 어렵고 제한적인 경우이긴 하지만 특정시기, 특정인물, 특정장소에 대한 기억력이 억제되기도 한다.

둘째는 범행이 수년간 지속됐다는 점이다. 근친 성폭력의 경우 다른 성폭력과 달리 법적 처벌보다는 가족 내에서 해결하려는 경우가 많다. 경찰 관계자는 "근친 성폭력은 반복될 우려가 높고 가족구성원간 갈등을 감안해 신고를 꺼리거나 한참 세월이 흐른 후 신고해 장기적인 피해를 받을 수 있다"고 말한다.

한국성폭력상담소 부설 성폭력 피해자보호시설 '열림터'의 송미헌 원장은 "어린 시절 성추행으로 시작돼 강간에 이르는 경우가 대부분인데 피해자가 이를 성폭력으로 인지하지 못한다"며 "초등학교 고학년이 돼 성교육을 받을 때 자신이 성폭력을 당했다고 인식하는 경우가 많다"고 말했다.

실제 한국형사정책연구원의 2009년 조사 결과에 따르면 근친 성폭력 피해자의 35%가 1년 이상 지속적으로 피해를 입었다.

셋째는 피해자들이 어려운 가정환경에 의해 불가피하게 부모외 친족과 생활할 수밖에 없었다는 점으로 피해자들을 양산하는 요소 중 하나로 꼽힌다.

전문가들은 사회생활에서 인정받지 못하거나 무시당한 남성은 자기 통제하에 있는 가족구성원을 통해 보상받으려 한다고 지적한다. 표창원 경찰대 교수는 "근친 성폭력은 보통 권력욕, 통제욕 때문에 일어난다. 이 경우 폭력으로 나타나기도 하고 가족구성원에 대한 성적 지배, 정복, 통제로 나타나기도 한다"고 전했다. 사촌오빠, 친오빠에 의한 근친 성폭력은 단순한 호기심이나 욕구에 의해 발생하기도 한다.

이 같은 요소들이 서로 겹쳐 근친 성폭력은 보고되는 예가 전체의 10%도 안 된다고 알려져 있다. 또한 워낙 금기시되는 내용이라 정확한 통계를 내기도 힘들다. 따라서 법적으로 근친 성폭력은 가중처벌을 기본으로 한다. 성폭력특별법에 따르면 친족은 4촌 이내의 혈족이나 2촌 이내의 인척, 사실상의 친족관계에 있는 자를 포함하고 있으며 친족 성폭력은 가중처벌하게 돼 있다.

한국형사정책연구원이 1심 선고를 분석한 결과에 따르면 근친 성폭력 가해자의 73.5%가 유기징역형을 받았지만 기간을 보면 평균 3년형에 불과했다. 이처럼 근친 성폭력에 대한 실제 법적 처벌이 솜방망이 수준에 그치고 있어 비판을 피할 수 없다는 지적도 제기되고 있다.

출처 : 시사코리아 (2011. 02. 24)
고승주 기자 gandhi55@sisakorea.kr

2. 활동 전 알아야 할 것

1) 가정폭력

폭력이란 타인에게 신체적 · 정신적 상처를 입히는 것이다. 이러한 폭력이 인간의 1차 집단인 가정 내 구성원들 사이에서 발생할 때 이를 '가정폭력'이라고 정의한다. 가정폭력 경험은 폭력행위의 행위자와 피해자에 따라 부부폭력, 자녀학대, 형제간 폭력, 부모폭력 등으로 나룰 수 있다. 이 중 발생빈도가 가장 높은 가정폭력 유형은 부부폭력과 자녀학대이다(조춘범 · 조남홍, 2011).

우선 부부폭력의 실태를 살펴보자. 2010년 가정폭력 실태조사 결과(여성가족부, 2010)에 따르면, 부부폭력은 조사대상 3500 가구의 53.8%로 조사되었다. 2쌍의 부부 중 1쌍의 부부 이상에서 부부폭력이 행해지고 있다는 것이다. 2010년 발생한 부부폭력률은 2004년 44.6%, 2007년 40.3%, 2010년 53.8%로, 2007년보다 13.5% 높아졌다.

65세 미만 기혼자의 연도별 부부폭력 발생률 비교(2004, 2007, 2010년)

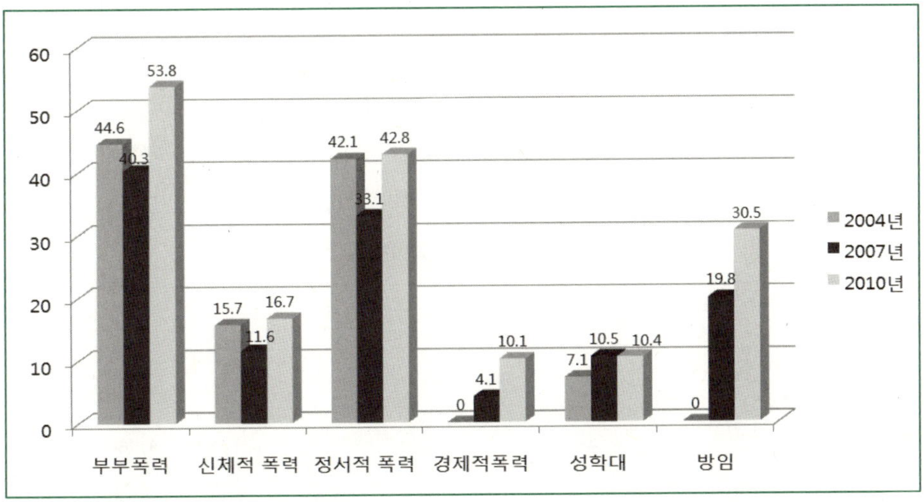

2004년에는 부부간 신체적 폭력, 정서적 폭력, 성학대만을 조사하였고, 2007년과 2010년에는 경제적 폭력과 방임이 추가되었다.

출처 : 여성가족부 www.mogef.go.kr

이들 유형별 실태를 구체적으로 살펴본다. 가정폭력의 유형은 신체적 폭력, 정서적 폭력, 경제적 폭력, 성학대, 방임 등으로 분류할 수 있다. 신체적 폭력이란 세게 밀치는 것과 회초리로 종아리를 때리는 행위에서부터 사정없이 마구 때리거나 칼 등으로 찌르는 것까지 매우 다양하다. 정서적인 폭력은 욕설 등 심한 말이나 무시, 위협을 통하여 심리적으로 손상을 가하는 것을 의미한다. 경제적 폭력은 배우자를 경제적으로 고립시키는 것이며, 성폭력은 성기노출에서 강간에 이르기까지의 성적 공격을 의미한다. 방임이란 보호자인 부모가 그 책임을 등한시하는 경우를 의미한다(조춘범 · 조남흥, 2011).

2010년 여성가족부 통계에 의하면, 신체적 폭력 발생률은 16.7%로 조사되었다. 이는 우리나라 65세 미만 부부 6쌍 중 1쌍이 1년에 한 번 이상 배우자로부터 신체적 폭력을 당하거나 행하는 것을 의미한다. 2010년 발생한 신체적 폭력 발생률은 2004년 15.7%, 2007년 11.6%, 2010년 16.7%로 2007년 조사보다 5.1% 높아졌다. 최근 3년 동안 신체적 폭력률이 높아진 것은 경제 상황 변화 및 악화와 관련지어 볼 수 있다. 우리나라에 2008년 세계금융위기가 도래하였다. 세계금융위기는 국가 전체의 불안정한 경제 상황을 만들었으며, 고용 상황이 불안하게 되었다. 이로 인한 여파로 가정경제가 악화되었으며, 가정의 불안한 경제적 요인은 부부간 폭력 발생에 영향을 미친 것이라 추정할 수 있다.

가정폭력의 국제비교

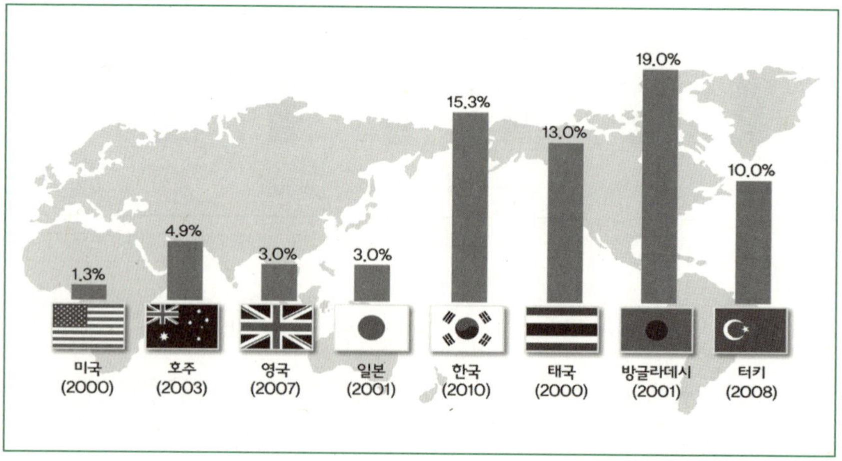

출처 : 여성가족부(2010).

여성의 부부폭력 피해율(아내폭력률)은 국제적으로 매우 높은 수준이다. 2010년 조사결과, 65세 미만 기혼 여성이 남편으로부터 신체적 폭력을 당한 피해율이 15.3%로, 영국(3.0%, 2007년)이나 일본(3.0%, 2001년)에 비해 5배 이상 높은 것으로 보고되고 있다.

취업여성의 신체적 폭력 피해율이 미취업 여성보다 높게 나타났다. 취업여성의 부부간 신체적 폭력 피해율(16.7%)은 미취업여성의 피해율(14.5%)보다 높은 것으로 나타나, 취업여성의 부부갈등이 상대적으로 높은 것으로 나타났다.

2) 자녀학대

부부폭력은 자녀들에 의해 목격되어 경험될 가능성이 높고 자녀들에게 심각한 영향을 준다. 자녀들의 부부폭력 목격 경험은 단순히 부부 사이에서 폭력이 발생하는 장소에서 갖는 직접적인 경험뿐만 아니라, 가정 내 다른 곳에서 폭력행사 현장의 소리를 듣거나 상처를 보게 되는 간접적인 경험도 포괄하고 있다. 부부폭력이 발생하는 가정에서는 자녀학대도 발생할 가능성이 높다. 즉 자녀학대란 자녀에게 가해지는 폭력의 피해경험이다(조춘범 · 조남홍, 2011).

2010년 여성가족부 조사 결과에 따르면, 자녀학대 피해경험은 신체적 폭력 39.1%, 정서적 폭력 59.9%, 방임 14.0%로 조사되었다. 2007년 실태조사와 비교해 볼 때, 자녀학대 발생률은 전반적으로 감소하였으나, 방임의 경우 2007년 2.7%에서 2010년 14.0%로 11.3% 증가한 것으로 조사되었다.

자녀학대 경험은 신체적 · 정서적으로 미성숙한 상태에 있는 자녀에게 심각한 손상을 입히게 된다(조춘범 · 조남홍, 2011). 2006년 보건복지부 조사 결과에 의하면, 가정폭력을 경험한 청소년 중 41.4%가 우울증을 경험하였고, 23.4%가 자살 생각을 해 본 적이 있으며, 이들의 자살시도율은 5.5%에 이른다. 2009년 인천광역시 정신보건센터 조사 결과에 의하면, 인천 지역 대상 중 · 고등학생 중 46.5%가 우울 성향을 보였고, 23.5%가 자살을 시도한 적이 있다고 하였다(최장원 · 김희진, 2011).

연도별 자녀학대 발생률 비교

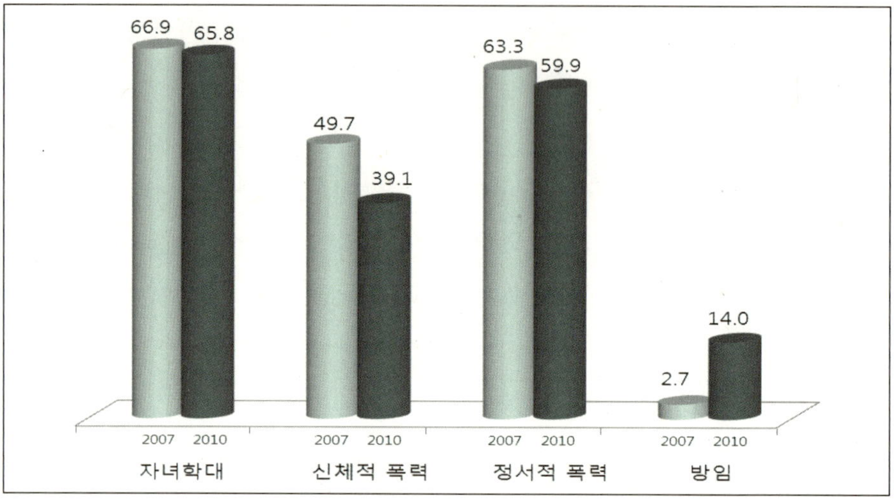

자료 : 여성가족부(2010)

이외에도 자녀학대 피해경험은 타인과의 유대감과 애착을 형성하는 데 장애가 된다. 불충분한 부모역할은 자녀의 행동을 적절히 통제하지 못하며, 자녀들은 모델링 · 모방 · 강화의 과정을 통해 학대 · 폭력행위 · 일탈행위 등과 같은 가해행동을 학습하게 된다. 자녀들은 학대로 인해 생기는 분노 등 부정적 감정을 외부로 표출시키기 위해 폭력 · 비행행동으로 이어지게 된다. 부모로부터 학대를 받고 자란 자녀들은 부모와 자신을 동일시하게 되는 과정에서 비행청소년이 될 가능성이 높고, 자녀학대 피해경험이 폭력 · 비행행동과 관련성이 높은 가출행동을 유발할 수 있다(김재엽 외, 2010).

이처럼, 자녀들의 가정폭력 경험은 자녀들의 정신건강과 밀접한 관계가 있고, 가정폭력의 부정적인 영향은 시간이 지나면서 약화되거나 소멸되지 않고 오히려 누적적으로 강화되어 성인기의 정신병적 문제로 이어진다는 점에서 적절하고 시급한 개입이 필요하다(최장원 · 김희진, 2011).

3) 성폭력

일반적으로 (아동 및 청소년 대상) 성폭력이란 성인 및 청소년이 자신의 성적 욕구를 충족시키기 위해 힘의 차이(물리적인 힘과 역할관계, 연령, 지적 수준, 사회적 지위 등의 무형의 힘까지 포함함)를 이용하여 청소년에게 가해지는 모든 성적 행위를 의미한다.

아동성폭력이란 '아동에게 가해지는 성폭력'으로 넓게 보면 법상 미성년자인 20세 미만의 아동과 청소년에 대한 강간, 추행 등의 성폭력이라고 할 수 있고, 좁게 보면 13세 미만의 아동에 대한 성적인 행위라고 할 수 있다(교육과학기술부 · 경상남도교육청, 2013). 우리나라 법률에서 규정하는 성폭력의 개념은 다음과 같다.

▶ **법률상의 성폭력 개념**(아동 · 청소년의 성보호에 관한 법률 제2조 제2호)

법률상 성폭력 범죄에 해당하는 행위는 다음과 같다.

① 아동 · 청소년에 대한 강간 및 강제추행
② 특수강도 · 강간, 특수강간, 친족관계에 의한 강간
③ 아동 · 청소년 중 장애인에 대한 강간 및 강제추행
④ 아동 · 청소년 중 13세 미만의 미성년자에 대한 강간 및 강제추행
⑤ 강간 등 상해 · 치상, 강간 등 살인 · 치사
⑥ 공중 밀집 장소에서의 추행, 통신매체를 이용한 음란행위
⑦ 카메라 등을 이용한 촬영
⑧ 아동에게 음행을 시키거나 음행을 매개하는 행위
⑨ 아동의 신체에 손상을 주는 학대행위
⑩ 아동에게 성적 수치심을 주는 성희롱 · 성폭력 등의 학대행위
⑪ "공중 밀집 장소에서의 추행 및 통신매체를 이용한 음란행위"를 제외한

나머지 행위의 그 미수까지를 포함하고 있다.

이렇게 보면, 성폭력이란 신체적 접촉 행위와, 말을 건네거나 음란물을 촬영하거나 보여주는 등의 비접촉행위가 모두 포함된다. 성에 대한 표현이나 판단은 전적으로 개인의 의사에 따른 수단이기 때문에, 마땅히 거부할 수 있는 자율권과 저항할 수 있는 권리 또한 개인에게 있다. 어린 아동인 경우에도 마찬가지로 존중받아야 하는 주체로 인식해야 하며, 따라서 어린 아동들에게 발생하는 성폭력은 개인의 존중권에 대한 침해로 이해되어야 할 것이다.

교육부와 경상남도교육청(2013)은 초등 저학년 아동들의 성폭력 예방교육에서 성범죄에 노출된 10세 이하의 어린이에게 다음과 같은 이상 징후를 나타낸다고 제시하고 있다.

이상 징후는 다음과 같다.

- 조숙한 성지식을 나타내는 말들을 무심코 내뱉는다.
  예) '아저씨 고추에서 우유가 나왔다.'라는 말을 함
- 명백하게 성적 묘사를 한 그림들을 그린다.
  예) 구강 성교하는 그림을 그리는 아동
- 타인과의 성적인 상호관계를 표현한다.
  예) 자신보다 더 어린 아동을 대상으로 성적인 공격행위 및 또래와의 성행위, 나이든 사람에게 성적인 몸짓을 보임
- 동물이나 장난감을 대상으로 하는 성적인 상호관계를 표현한다.
  예) 인형을 가지고 놀면서 성교를 표현함

이러한 징후가 나타나면 성폭력의 가능성이 있음을 판단하고 다양한 교육과 조치를 취하여야 한다. 특히 응급 발생한 성폭력에 대하여 교육부와 경상남도교육청(2013)은 다음과 같은 응급조치를 제시하고 있다.

① 몸을 씻지 않은 상태로 가능한 한 빨리 성폭력 여부를 진단해 줄 수 있는 의료기관으로 학생을 데리고 간다. 병원에 가게 되면, 정액 채취(사건 발생 48시간 이내), 성병검사, 임신여부 검사, B형 간염 검사, 파상풍 예방접종, 질 파열 검사 등을 실시한다.

② 몸에 외상이 남아 있을 경우 사진 촬영을 하여 저장해 둔다. 사진 촬영을 할 때에는 가급적 얼굴과 같이 찍도록 하며, 피해 직후에는 외상이 보이지 않다가 시간이 지나서 발견되는 경우도 있으므로 멍이나 긁히거나 뜯긴 상처 등이 있을 경우에는 발견되는 데로 촬영해 두도록 한다.

③ 병원 진단이나 몸에 남은 상흔 외의 다른 증거물, 이를테면 가해학생이 흘리고 간 물건 등은 반드시 보존하도록 한다.

④ 피해학생의 보호자에게 연락을 취하여 성폭력 발생 사실을 알린다.

⑤ 수사기관에 신고한다.

연령에 적합한 예방교육의 방향을 제시하면 다음과 같다.

연령	주요 내용
5-8세	집 밖에서의 안전에 대해 가르치고, 은밀한 부위를 만지는 것이 어떤 것인지 알게 하며 나쁜 느낌을 받았을 때 바로 이야기할 수 있도록 한다.
8-12세	안전에 대해 강조하고, 특히 조심해야 할 장소(오락실, 상점가, 탈의실, 그 외 위험한 지역)에 대해 알려주며 그 외의 장소에서도 항상 주의를 기울일 수 있도록 한다. 바른 성의식에 대해서도 교육한다.
13-18세	개인적인 안전과 위험한 장소들에 대해 다시 강조한다. 성적 자기결정권, 성폭력, 데이트에서 주의할 점, 성병, 임신 등에 대하여 교육한다.

한국양성평등교육진흥원(2011)에서는 다음과 같은 가정통신문을 제시하여 부모에게 성폭력 예방을 위해 함께 실천할 것을 당부한다. 유아교육기관에서 참고할 만하다.

가 정 통 신 문

우리의 아이, 이런 환경 속에서 자라야 합니다.

(성폭력 범죄자가 두려워하는 아이)

성폭력을 경험한 많은 아이들이 침묵 속에 있습니다. 아이들은 다른 사람에게 말하기가 쉽지 않습니다. 때로는 가해자가 아이와 부모를 알고 있습니다. 이처럼 성폭력 가해자는 아는 사람일 가능성이 높으며, 아이들에게 가장 위험한 사람은 모르는 사람이 아니라 친구나 가족, 이웃일 수 있습니다. 또한 가해자는 아이들에게 접근하기 위해 믿을 만한 사람으로 보이기 위한 노력을 합니다.

또한 대부분의 아동성폭력은 아동의 집, 학교 등 아동과 근접해 있는 곳에서 발생되기 때문에 가정, 학교 등 **일상생활에서부터 예방이 이루어져야 합니다**.

▸ **성폭력 범죄자는 어떤 아이를 두려워하는가?**

1. 사랑받는 가정, 안전한 가정환경

의사소통이 잘 이루어지고 서로에게 마음이 열려 있는 가정에서 자란 아이는 부모 등 가족과의 친밀도가 높고, 가족들의 관심도가 높기 때문에 성폭력 범죄자가 아이에게 접근하기가 매우 어려울 수밖에 없습니다.

2. 신체적인 애정 표현을 많이 받은 아이

신체적으로 애정 표현을 자주 받은 아이는 애정에 굶주려 있지 않고, 다른 사람에게 애정을 받기를 원하지도 않습니다. 어릴 때부터 긍정적인 접촉을 많이 받은 아이는 가해자가 의도를 가지고 접근해 오는 '가장된 애정'이 자신의 부모 등에게 받은 애정과 다름을 직감적으로 구분하게 되고 이러한 애정을 받아들이지 않습니다.

3. 부모와 의사소통이 잘 이루지는 아이

부모와 의사소통이 잘 이루어지는 아이는 범죄 상대로 위험부담이 매우 큽니다. 성폭력 범죄자는 이러한 아이들보다는 좀 더 안전하게 범죄를 저지를 수 있는 아이를 택합니다. 그러나 중요한 것은 부모의 입장에서 자신이 아이와 좋은 관계를 유지하고 있고, 의사소통이 잘 이루어진다고 단순히 생각해서는 안 됩니다. 아이와 단지 말을 하는 것이 아니라, 어떻게 말을 하는지, 언제 하는지, 어떤 언어를 사용하는지가 중요합니다. 성폭력 예방의 핵심은 아동이 자기의 생각과 감정을 편안하게 이야기할 수 있도록 분위기가 잘 형성되어 있고, 부모가 아동의 입장에서 얼마나 잘 들어주고 반응을 하는가 입니다.

▸ **무엇이 당신의 아이를 쉬운 상대로 만드는가?**

- 성폭력 범죄자가 아이를 범죄 대상을 선택하는 몇 가지 특성

★ **낮은 자존감** — 자존감이 낮은 아이들은 자신이 특별하다고 느껴지거나, 필요하다고 느끼는 무언가에, 그것이 학대라 하더라도, 더 참여하고 싶어진다.

★ **지나치게 수줍어하는 아이** — 조용하고 수줍어하는 아이는 일반적으로 비밀을 잘 지키는 경향이 있다.

★ **한부모가정** — 한부모가정에서 자라는 아이는 같이 지내지 못하는 부모에 대한 사랑을 집밖의 장소에서 찾게 되므로 매우 위험할 수 있다. 이때 성폭력 가해자에게 애정을 쏟을 경우, 부모가 생각하는 그 이상으로 상황은 위험해진다.

★ **'너무 바쁜' 부모를 둔 아이** — 가장 큰 위험 요소 중 하나이다. 이런 가정에서 자란 아이들은 부모와의 관계가 소원하고 부모와 의미 있는 대화를 자주 하지 않기 때문에 다른 어른으로부터 애정을 받기를 원한다. 이것은 성폭력 가해자에겐 완벽한 타켓이 되는 조건이다. 부모들은 아무리 바쁘다 하더라도, 아이들이 부모를 필요로 하거나, 부모로부터 관심을 받고 싶어할 때는 아이 옆에 있어 줘야 한다.

〈출처 : Edmund Burke, Sexual Abuse Prevention – How to abuse– proof your child〉

20 . .

○ ○ ○ 초등학교장

한국양성평등교육진흥원(2011) 아동성폭력 예방교육 실천매뉴얼

3. 활 동

활동명(1) 우리 가족의 수를 세어요.

활동 형태 소집단

활동 영역 수 영역

활동 목표

· 나의 가족의 인원을 숫자로 셀 수 있다.

· 그래프를 사용하여 숫자를 표시할 수 있다.

누리과정 관련요소

· 사회관계〉가족을 소중히 여기기〉가족과 화목하게 지내기

· 자연탐구〉수학적 탐구하기〉수와 연산의 기초 개념 형성하기

활동 자료

그래프, 스티커

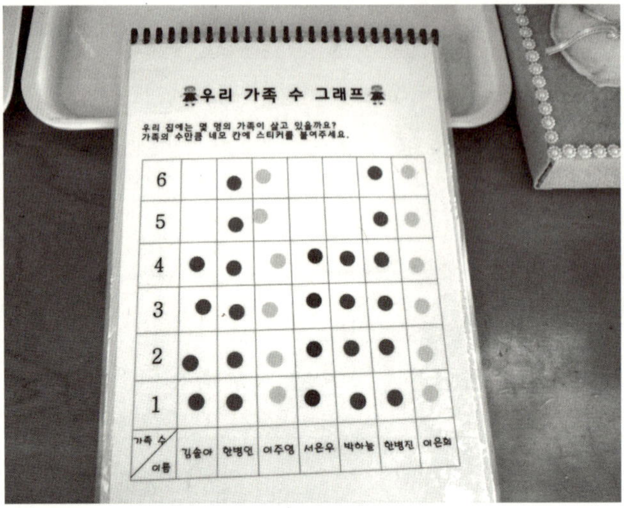

활동 방법

1. 함께 살고 있는 가족이 누구인지 이야기를 나눈다.
   - 은빈이의 집에는 누가 살고 있는지 이야기해 볼까?
   - 함께 살고 있는 가족은 몇 명인지 세어 볼까?

2. 그래프에 숫자를 표시한다.
   - 스티커를 사용하여 우리 가족이 몇 명인지 붙여 볼까?
   - 친구에게 소개해 볼까?

3. 가족이 가장 많고, 적은 가정 수를 세어 보고 비교해 본다.
   - 가족의 수가 가장 많은 친구는 누구일까?
   - 가장 많은 가족의 수를 함께 세어 볼까?
   - 가족의 수가 가장 적은 친구는 누구일까?
   - 가장 적은 가족의 수를 함께 세어 볼까?

확장 활동

· 가계도 그려보기

① 작은할아버지, 삼촌, 고모, 이모, 사촌 등 확대가족에서의 명칭을 알아볼 수 있다.

② 확대가족 구성원이 명칭을 세로축에 나열하고, 구성원이 있는지 색종이로 표시할 수 있다. 사촌형제 부분에는 명수대로 색종이를 붙인다.

할아버지				
할머니				
고모				
삼촌				
이모				
외삼촌				
사촌형(누나, 오빠)				
사촌동생				
가족명칭 / 이름	이혜림	신수진	김상국	유슬아

*** 이혼 가정과 이혼 가정의 자녀에 관한 접근**

가족의 특징을 이해하는 활동은 이혼 가정과 그 자녀들에게 상처를 줄 수 있다. 즉 교사가 구체적으로 이혼 가정이 누구라고 지적하지 않더라도, 함께 살고 있지 않은 가족의 호칭을 언급하는 것만으로 유아들은 상처를 받을 수 있기 때문이다.

따라서 가족의 특징을 이해하는 활동은 신중히 이루어져야 한다. 엄마 · 아빠의 명칭만을 너무 강조하여 활동의 각 단계마다 언급하는 것을 극히 조심해야 한다. 엄마 · 아빠라는 명칭보다는 가족이라는 명칭을 사용하는 것이 바람직하다. 또한 엄마 · 아빠 이외에도 다양한 가족이 존재한다는 사실을 확인하고, 확대가족의 의미에서 가족과 관련된 활동을 실행하는 것이 중요하다.

이혼에 대한 접근 또한 부정적인 감정만을 부각시키지 말고 객관적인 입장에서 다루어야 한다. 이를 위해 문학작품이나 관련 동화를 통하여 접근한다면 보다 쉽게 활동할 수 있다.

활동명(2) 누군지 알 수 있어요.

활동 형태 소집단

활동 영역 사회, 언어, 탐구

활동 목표

· 가족 목소리의 차이를 탐색한다.
· 가족의 목소리를 흉내낼 수 있다.
· 가족의 구성원을 알고 그 특징을 이해한다.
· 가족마다 구성원이 달라도 서로 사랑하는 가족임을 존중한다.

누리과정 관련요소

· 사회관계〉가족을 소중히 여기기〉가족과 화목하게 지내기
· 의사소통〉말하기〉상황에 맞게 바른 태도로 말하기
· 예술경험〉예술적 표현하기〉통합적으로 표현하기

활동 자료

카세트, 테이프, 성인 남 · 여 · 어린이의 목소리를 녹음한 테이프, 가족의 목소리가 녹음된 녹음자료

활동 방법

1. 유아 가족들의 협조를 얻어 다양한 가족들의 녹음자료를 확보한다.
2. 가족구성원에 대해 이야기해 본다.
   - 우리 가족 중 소개하고 싶은 가족을 생각해 볼까?

3. 소개하고 싶은 가족에 대한 소개 대본을 만들어 본다.
   - 가족 중 한 사람을 선택하여 하시는 일, 성격, 외모의 특성을 이야기해 볼까?
   - 글이나 그림으로 이러한 특성들을 나타내어 볼까?

4. 글이나 그림을 보며, 준비한 녹음기에 가족 소개를 녹음한다.
   - 자료를 보며, 녹음기에 소개를 녹음해 볼까?
   - 다양한 가족들의 녹음 자료를 들어 볼까?
   - 녹음한 내용을 함께 들어 보며, 느낌을 이야기해 볼까?

5. 가족을 위해 할 수 있는 일을 생각해 본다.
   - 엄마를 위해 할 수 있는 일은 어떤 것이 있을까?
   - 만약 엄마가 안계시다면 엄마를 대신하여 어떤 일들을 할 수 있을까?
   - 아빠를 위해 할 수 있는 일은 어떤 것이 있을까?
   - 만약 아빠가 안계시다면 아빠를 대신하여 어떤 일들을 할 수 있을까?
   - 동생이나 언니를 위해 할 수 있는 일들은 어떤 것이 있을까?
   - 만약 동생이나 언니가 없다면 동생이나 언니를 대신하여 어떤 일들을 할 수 있을까?
   - 할머니를 위해 할 수 있는 일은 어떤 것이 있을까?
   - 만약 할머니가 안계시다면 할머니를 대신하여 어떤 일들을 할 수 있을까?
   - 할아버지를 위해 할 수 있는 일은 어떤 것이 있을까?
   - 만약 할아버지가 안계시다면 할아버지를 대신하여 어떤 일들을 할 수 있을까?

6. 녹음된 목소리를 들어 본 후 활동을 정리한다.

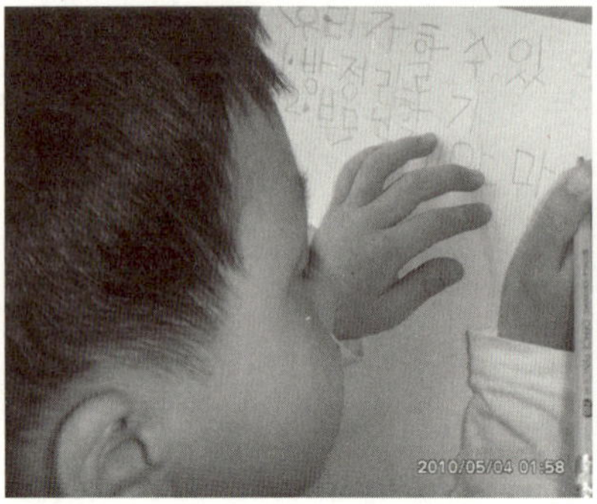

확장 활동

각 목소리의 특징을 살려서 연극 활동을 한다.

활동명(3) 발자국을 따라 걸어요.

활동 형태 소집단

활동 영역 수, 언어, 신체

활동 목표

· 자를 사용할 수 있다.
· 가족의 발의 크기를 재어 보고 숫자로 나타낼 수 있다.
· 누구의 발자국 인지 추측하고 행동을 표현할 수 있다.
· 가족의 특징을 알 수 있다.

누리과정 관련요소

· 예술경험〉예술적 표현하기〉움직임과 춤으로 표현하기
· 자연탐구〉수학적 탐구하기〉기초적인 측정하기
· 신체운동 · 건강〉신체활동에 참여하기〉자발적으로 신체활동에 참여하기

활동 자료

자, 필기도구, 발바닥 크기표, 가족의 발바닥 그림

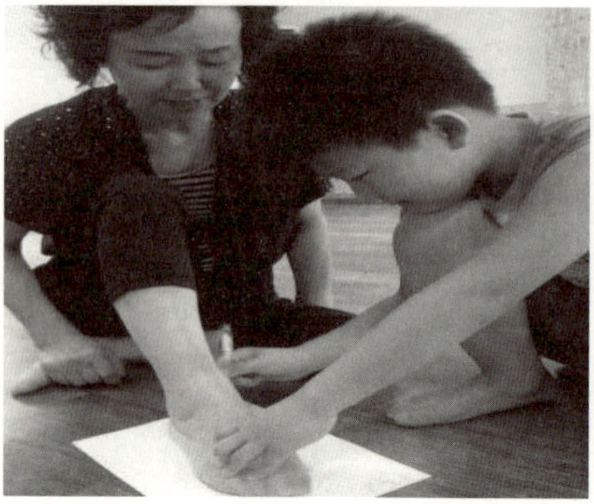

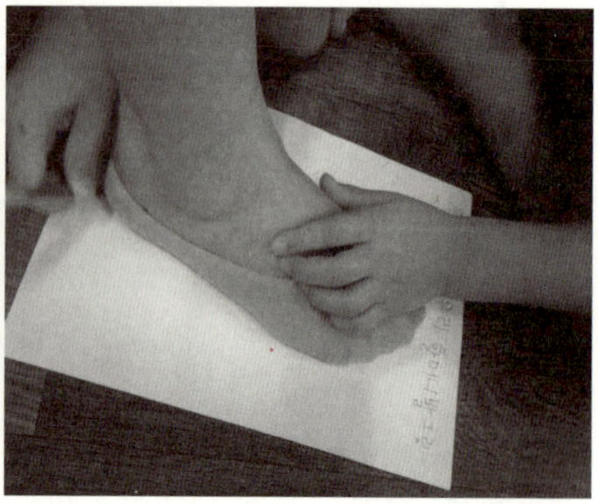

활동 방법

1. 가족 중 한 사람의 발 그림을 그린다.
   - 활동 전날 가정통신문을 통해 유아 가족 중 한 사람의 발그림을 그려 가져온다.

2. 가족의 발 그림을 보며 이야기를 나눈다.
   - 가족의 발 그림 중 가장 큰 것은 누구의 발일까?
   - 가장 작은 발은 누구의 발일까?
   - 뚱뚱하고 큰 발이 있니?
   - 다른 발의 모양은 어떤지 이야기해 볼까?

3. 자를 사용하여 가족 발의 크기를 재어 보고 숫자로 나타낸다.
   - 자를 사용하는 방법을 이야기해 볼까?
   - 자를 사용하는 것이 어려울 경우 여러 가지 도구(연필, 휴지 한 칸, 병뚜껑 등)를 이용해 재어 볼 수 있다.
   - 작은 눈금 한 칸은 1mm라고 해요.
   - 열 개의 작은 눈금은 1cm라고 하고, 큰 눈금 한 칸으로 나타내요.

- 자를 사용하여 발의 크기를 재어 보자.
- 이 발자국의 크기는 얼마일까?

4. 도화지나 마분지 위에 발자국을 그린 후 오린다.

5. 오려진 발자국을 관찰하며, 이 사람은 어떤 특징이 있는지 이야기를 나눈다.
   - 이것은 누구의 발자국 일까?
   - 이 사람은 어떤 특징이 있을까?

6. 발자국을 따라 흉내내며 걷는다.
   - 발자국을 따라 흉내내며 걸어 볼까?
   - 발자국을 따라 흉내내어 걸어 보니 어떤 느낌이 들었니?

7. 활동에 익숙해지면, 음악에 맞추어 걸어 본다.

8. 활동을 마무리한다.

할머니 발자국이에요. 허리를 구부리고 걸어요.

확장 활동

가족의 손 모양을 자료로 하여 가족들이 하는 일을 비교할 수 있다.

활동명(4) 우리 가족 감정카드

활동 형태 소집단

활동 영역 미술, 탐색

활동 목표

· 가족의 여러 가지 감정을 탐색할 수 있다.

· 도화지 위에 표현할 수 있다.

누리과정 관련요소

· 사회관계〉나와 다른 사람의 감정 알고 조절하기〉나와 다른 사람의 감정알고 표현하기

· 사회관계〉가족을 소중히 여기기〉가족과 화목하게 지내기

활동 자료

도화지, 그림 도구, 풀, 가위

활동 방법

1. 우리 가족의 여러 가지 감정을 생각해 보고 이야기를 나눈다.
   - 오늘 아침 우리 가족들의 기분은 어떠했는지 이야기해 볼까?
   - 형제, 자매의 감정은 어떠했는지 이야기해 볼까?

2. 우리 가족 감정 카드에 가족의 여러 가지 감정을 표현한다.
   - 오늘 아침 우리 가족들의 기분을 그림으로 표현해 볼까?
   - 형제, 자매의 감정을 표현해 볼까?

3. 우리 가족 감정 카드를 보여 재미있게 이야기를 꾸며 본다.

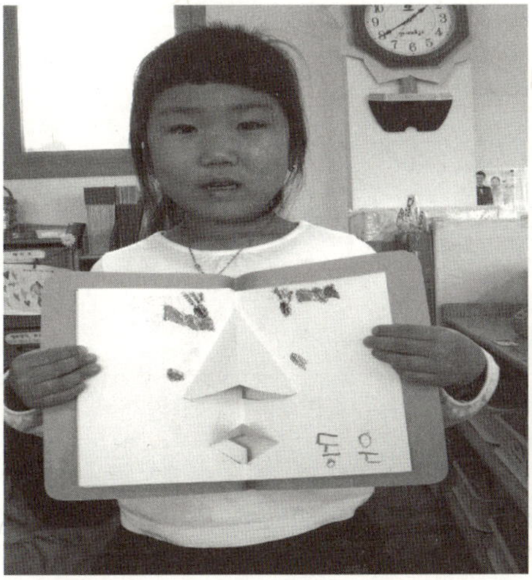

엄마는 눈을 동그랗게 하고 말해요.

우리 아빠는 매일 싱글벙글해요.

활동명(5) 가족들이 싸웠어요.

활동 형태 대/소집단

활동 영역 이야기하기, 문학

활동 목표

· 책을 읽고 관련 활동을 할 수 있다.

· 가족들이 화목할 수 있는 방법을 찾는다.

· 화목할 수 있는 방법을 실천할 수 있다.

누리과정 관련요소

· 의사소통〉말하기〉느낌, 생각, 경험 말하기

· 사회관계〉가족을 소중히 여기기〉가족과 화목하게 지내기

활동 자료

동화책 '엄마 아빠가 싸웠어요!'

전집명 : 사회성을 키우는 동글세모 이야기 29권
출판사 : 웅진(2012)

'웅진'의 전집 사회성을 키우는 동글세모 이야기 중 29권 〈엄마 아빠가 싸웠어요!〉는 가정에서 발생하는 부모의 싸움을 자녀의 눈높이에서 그려내고 있습니다. 부모의 싸움을 자녀들이 예기치 못한 어려움으로 규정하고 있습니다. 어린 유아들에게도 이러한 어려움이 닥쳐올 수 있으며, 이런 위기를 잘 극복하기 위해 어떻게 대처해야 하는지를 서술하고 있습니다. 특히 유아들의 마음 속에서 발생할 수 있는 다양한 감정과 생각들을 서술하고 이런 위기를 잘 극복하고 나면 훨씬 더 성숙한 사람으로 자라남을 강조하였습니다. 유아들이 실제로 부모의 부부싸움을 직면했을 때 당황하지 않고 대처할 수 있는 능력을 연습할 수 있습니다.

자료 : 웅진다책

활동 방법

1. 동화책을 읽는다.

2. 동화책에 대하여 이야기를 나눈다.
   - 어떤 일이 생겼니?
   - 그림 속 가족들에게 어떤 일이 일어났지?
   - 그림상황에 대해 어떤 말을 해야 할지 이야기해 볼까?

3. 가족들이 싸움을 한 경험을 생각해 보고 싸움을 해결하는 적합한 방법을 찾아본다.
   - 가족들이 싸움을 했던 경험을 이야기해 볼까?
   - 가족들이 싸움을 할 때 어떤 느낌이 들었는지 이야기해 볼까?
   - 가족들이 싸움을 할 때 어떤 행동을 했니?
   - 왜 그런 싸움이 일어났는지 이야기해 볼까?
   - 가족들의 싸움은 어떻게 끝이 났는지 이야기해 볼까?

4. 화목한 가정을 만들기 위해 할 수 있는 것은 무엇인지 생각해 본다.
   - 가족들이 싸움을 지혜롭게 끝내는 방법은 무엇인지 이야기해 볼까?
   - 화목한 가정을 만들기 위해 할 수 있는 방법은 무엇인지 이야기해 볼까?
   - 싸우지 않으려면 어떻게 해야 할까?
   - 싸움할 때의 규칙을 정해 볼까?
   - 싸움할 때 사용하지 않아야 하는 말들은 어떤 것이 있을까?
   - 싸움할 때 나의 생각을 이야기하기 위해서 어떻게 해야 할까?
   - 싸움할 때 가족들이 나의 생각을 무시한다면 어떻게 해야 할까?

- 가족들을 매일 안아 주었니?
- 가족들에게 매일 사랑한다고 이야기해 보았니?

5. 정리한 후 평가한다.

동생과 싸워서 화가 났어요. 화가 나면 눈이 보기 싫어지고 얼굴이 이상하게 변해요.

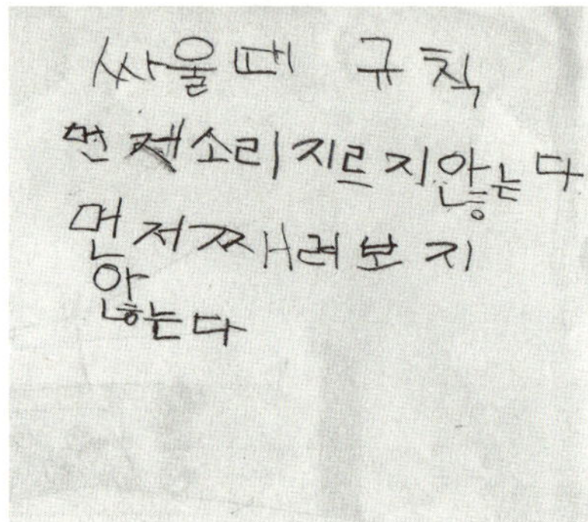

싸울 때는 규칙을 꼭 지켜야 해요. 싸울 때 규칙은 가족들이 모두 잘 보이는 곳에 붙여 둘 꺼에요.

싸웠어도 서로 웃어 주면 안싸우게 되요.

싸울 때는 마음이 나빠져요. 마음 속에 나쁜 것이 들어 있는 것 같아요.

수준별 활동

가족에게 바라는 것을 생각해 보기

활동명(6) 가족의 마음을 생각해요 1

활동 형태 소집단

활동 영역 신체, 조작, 탐구, 의사소통

활동 목표

· 가족들이 가정에서 하는 일을 알 수 있다.
· 가족들이 가정에서 하는 일을 직접 경험한다.
· 직접 경험한 일에 대한 느낌을 말할 수 있다.

누리과정 관련요소

· 의사소통〉말하기〉상황에 맞게 바른 태도로 말하기
· 사회관계〉가족을 소중히 여기기〉가족과 협력하기

활동 자료

활동지, 간단한 요리를 할 수 있는 음식 재료, 기타 자료

가족들이 가정에서 하는일

이름 : ____________

누가	하시는 일	내가 해 보고 난 후……

활동 방법

1. 유아들이 가정에서 하는 일은 무엇인지 이야기를 나눈다.
   - 우리 친구들이 어제 저녁에 한 일은 무엇이었니?

2. 가족들이 가정에서 하는 역할에 대하여 이야기를 나눈다.
   - 우리 가족이 어제 저녁에 한 일은 무엇이었니?
   - 어떤 일이 가장 힘들었을지 이야기해 볼까? 이것을 글이나 그림으로 나타내 보자.
   - 가족을 위해서 한 일은 어떤 일이었는지 이야기해 볼까?

3. 우리 가족이 어제 저녁 한 일들 중 한 가지를 정하여 경험해 본다.
   - 요리하기를 경험하고 나니 어떤 생각을 하게 되었니?
   - 청소하기를 경험하고 나니 어떤 생각을 하게 되었니?
   - 설거지하기를 경험하고 나니 어떤 생각을 하게 되었니?

4. 정리한 후 평가한다.

가족들이 가정에서 하는 일

활동명(7) 가족의 마음을 생각해요 2

활동 형태 소집단

활동 영역 신체, 조작, 탐구, 의사소통

활동 목표

· 가족들이 서로를 위해 하는 일을 생각할 수 있다.

· 가족의 직장 견학을 계획하고 체험할 수 있다.

· 직접 경험한 일에 대한 느낌을 말할 수 있다.

누리과정 관련요소

· 의사소통〉말하기〉상황에 맞게바른 태도로 말하기

· 사회관계〉가족을 소중히 여기기〉가족과 화목하게 지내기

활동 자료

· 활동지, 견학 활동지

가족 일터 견학

이름 : ____________

누가	궁금한 것	내가 견학해 보고 난 후

활동 방법

1. 우리 가족은 직장에서 어떤 일을 하는지 이야기를 나눈다.
   - 우리 가족은 직장에서 어떤 일을 하고 계시니?

2. 직장에서의 역할에 대하여 이야기를 나눈다.
   - 가장 많이 하는 일은 무엇이니?
   - 가족들이 직장에서 하는 일을 글이나 그림으로 나타내 보자.
   - 궁금한 것을 질문해 볼까?

3. 가족의 직장을 견학해 본다.
   - 직장에 견학이 가능한 분을 선정하고 견학 계획을 세운다.
   - 견학을 다녀오면서 주의해야 하는 것은 무엇이 있는지 이야기해 볼까?
   - 준비물은 무엇이지?
   - 직장에 가보니 어떤 느낌이 들었는지 이야기해 볼까?
   - 그림이나 글로 표현해 본다.

4. 정리한 후 평가한다.

우리 삼촌은 나라를 지키는 일을 해요.

우리 아빠는 바다를 연구하세요.

우리 할아버지는 태권도를 가르치세요.

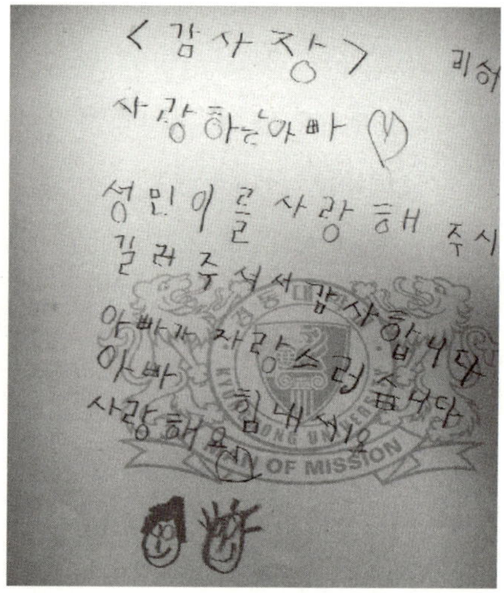

고마움의 글들

활동명(8) 가족 함께의 날

활동 형태 소집단

활동 영역 신체, 조작, 탐구, 의사소통

활동 목표

· 가족들이 모두 한자리에 모이는 시간을 파악한다.
· 가족들이 모두 모여 함께 할 수 있는 일을 생각한다.
· 가족들이 함께 할 수 있는 일을 실행한다.
· 직접 경험한 일에 대한 느낌을 말할 수 있다.

보육과정 관련요소

· 의사소통〉말하기〉상황에 맞게 바른 태도로 말하기
· 사회관계〉가족을 소중히 여기기〉가족과 화목하게 지내기

활동 자료

함께하기 계획서, 계획서에 따른 활동자료, 활동 결과물

함께하기 계획서

이름 : ____________

함께 할 가족은 누구인가요?	
언제 함께 할까요?	
함께 무엇을 할까요?	
함께 어디에서 할까요?	

활동 방법

1. 가족들과 함께 지난 주말에 한 일은 무엇인지 이야기를 나눈다.
    - 지난 주말에 가족과 함께 한 일은 무엇이니?
    - 어제 저녁에는 가족과 함께 어떤 일을 하였니?

2. 가족들과 함께 하고 싶은 일에 대하여 이야기를 나눈다.
    - 가족들과 함께 하고 싶은 일은 무엇이니?
    - 가족들 중 누구와 함께 하고 싶으니?
    - 가족들과 언제 함께 할까?
    - 가족들과 어디에서 함께 할까?

3. 가정통신문을 활용하여 유아들의 가정에 안내문을 발송한다.

4. 가족 함께의 날을 실행하기 위한 준비물을 점검한다.
    - 가족 함께의 날을 실행하기 위해 준비해야 할 것은 무엇일까?
    - 가족들에게 궁금한 것이 있다면 이야기해 볼까?
    - 가족 함께의 날에 가족들을 위해 할 수 있는 일은 어떤 것이 있을까?
    - 주의해야 할 것은 어떤 것이 있을지 이야기해 볼까?
    - 그림이나 글로 표현해 본다.

5. 가족 함께의 날을 보낸다.

6. 가족 함께의 날을 보낸 후 행복그래프를 만들어 본다.

7. 느낌을 이야기하고 평가한다.

행복그래프

가족 함께의 날, 행복했어요.

4. 참고할 만한 자료들

동화

책제목 : 아빠는 나쁜 녀석이야
지은이 : 글/백승권, 그림/박재현
출판사 : 맹&앵(2009)

가정과 회사에 소외된 아빠를 아이의 눈높이에서 그려내고 있습니다. 회사에서 가족을 위해 열심히 일했지만 아이들의 시선에서 소외되고, 실직마저 겪게 되는 우리 사회의 아빠는 너무나 주눅 든 존재입니다. 〈아빠는 나쁜 녀석이야〉는 주눅 든 아빠와 철없어 보이지만 어느 새 속 깊은 생각도 할 줄 아는 아이들을 위한 행복한 가족 그림책입니다.

출처 : http://book.naver.com 출판사 서평 중.

책제목 : 우리 엄빠
지은이 : 글/임희옥, 그림/전효훈
출판사 : 아이코리아(2008)

어떤 이유인지는 잘 알 수 없지만 아빠와 단둘이 살고 있는 친구의 이야기입니다. 아빠는 다른 친구들의 엄마처럼 바느질도 해 주고 반찬도 만들어 주세요. 최선을 다해 엄마의 역할까지 해내는 아빠를 '엄빠'라고 부릅니다. 유아들이 한부모라는 이유로 친구를 마음 아프게 하지 않도록 하는 동화책입니다.

책제목 : 아빠를 만나러 가요
지은이 : 글/로렌스 시멜, 그림/마리나 리베라
번 역 : 김정하
출판사 : 해와나무(2010)

"여덟 달 하고도 22일이나 아빠를 보지 못했어요." 새하얀 종이 위에 가족들에게 일어난 일들을 꼬박꼬박 적어 나가는 아이는, 언젠가 아빠를 만나서 직접 공책을 주고 싶어합니다. 가족들의 소소한 일상과, 아빠와 함께했던 추억들이 담겨 있는 아이의 공책은 아이가 그리운 아빠의 빈 자리를 채워 주는 공간이며, 먼 나라로 간 아빠와 남아 있는 가족들을 이어주는 다리 역할을 합니다.

책제목 : 따로 따로 행복하게
지은이 : 글/배빗 콜
번 역 : 고정아
출판사 : 보림(1999)

엄마, 아빠는 서로 마음이 맞지 않아, 생활하는 모습도 다르고 좋아하는 것도, 하고 싶은 것도 다릅니다. 결국 아이들은 엄마, 아빠에게 끝혼식을 선물하고 집을 두 채로 따로 지어 드렸는데, 이제는 무엇이든 두 배가 되었습니다. 지금은 아주 행복하답니다.

책제목 : 둘이 하나로
지은이 : 이상교
번 역 : 임용순
출판사 : 아람(2008)

사이좋은 쌍둥이 형제가 서로를 아끼며 행복하게 살고 있었어요. 어느 날 둘에게 작은 오해가 생겼어요. 상대방에 대해 이해하려고 하지 않고 둘은 자신의 입장만 내세우며 싸운 것이지요. 그 후 둘은 만나지도 않고 서로에 대한 마음의 문을 닫아 버렸어요. 하지만 요즘 형제의 모습은 많이 달라졌어요.

책제목 : 가슴으로 낳았대요.
지은이 : 글/임희옥, 그림/서연희
출판사 : 아이코리아(2008)

생일은 어떤 날인가요? 재준이에게 생일은 엄마가 가슴으로 재준이를 낳아준 날이에요. 재준이는 다른 아이들처럼 엄마 뱃속에서 나오지 않았거든요. 재준이는 보육원에서 살다가 지금의 엄마를 만나 형, 아빠, 그리고 누나까지 생겼어요. 이 책은 입양의 의미와 진정한 가족의 의미를 되새겨 볼 수 있도록 했습니다.

견학할 만한 곳

- 한국여성인권진흥원, 여성긴급상담전화 http://womenhotline.or.kr
- 아동·여성·장애인 경찰지원센터 http://www.safe182.go.kr/index.do
- 한국여성상담센터 http://www.iffeminist.or.kr/
- 해바라기아동센터 http://www.child1375.or.kr/index.asp

참고 문헌

교육부 · 경상남도교육청(2013). 초등성폭력 예방교육 길라잡이. 경상남도교육청.

김재엽 · 송아영 · 한샘(2010). 청소년 자녀의 가정폭력목격경험과 자녀학대피해경험 중복피해에 따른 우울 및 폭력비행행동에 관한 연구. 청소년학연구, 17(12), 1-26.

동아일보. 2013. 2. 21. 초등생, 부모 체벌받은 뒤 잠자다 숨져.

시사코리아. 2011. 2. 24. 금기마저 넘은 근친성폭행.

여성가족부(2010). 2010년 전국 가정폭력 실태조사 결과 발표. 여성가족부 복지지원과.

인천일보. 2012. 5. 03. 〈끝나지 않는 악몽 가정폭력〉 폭력성 되물림…….

조선닷컴. 2012. 6. 08 술 취해 아동학대, 일반학대보다 더 충격.

조춘범 · 조남흥(2011). 청소년의 가정폭력 노출경험이 학교폭력 가해행동에 미치는 영향 연구 : 자기통제력의 매개효과 검증. 청소년학연구, 18(4), 75-102.

최장원 · 김희진(2011). 가정폭력이 청소년의 정신건강에 미치는 영향 : 자아개념의 매개효과를 중심으로. 청소년학연구, 18(1), 73-103.

한겨레오피니언. 2012. 3. 29. 저 돼지 아니라고요!

한국양성평등교육진흥원(2011). 아동성폭력 예방교육 실천매뉴얼. 한국양성평등교육진흥원.

한국일보. 2012. 7. 19 오빠가 성폭행하고 아버지가 또…… 근친성폭행 끔찍.

제 5 장

학교폭력의 예방, '유아교육기관과 사회' 속에서

사회에서의 평화와 관련된 활동들

1. 우리 사회 둘러보기
2. 활동 전 알아야 할 것
3. 활동
4. 참고할 만한 자료들

우리는 태어나면서부터 사회 안에 존재하며 사회 속의 많은 사람들과 관계를 유지하며 삶을 살아간다. 21세기의 사회는 시간과 공간이 더욱 넓어져 태어난 나라 뿐만 아니라 세계 여러 나라의 사회로 확장되고 있으며, 지구촌이라는 커다란 사회 안에서 서로 밀접한 관계를 맺고 있다.

사회의 평화란 우리가 사회 안에 존재하고 사회인임을 인식하는 일, 사회 안에서 일어나는 다양한 폭력 상태를 인식하는 일, 폭력과 전쟁이 없는 일, 협력과 배려하는 일 등을 통해 사람들 간에 조화롭고 안전한 생활을 지속하는 것이다.

본 장에서는 우리 사회의 특성을 살펴보고, 폭력적인 사회가 되는 원인을 탐색해 본다. 또한 유아교육기관에서 손쉽게 할 수 있는 협력과 배려의 방법을 찾아보고 실천해 보는 것을 목표로 한다.

유아교육기관과 사회에서의 평화

우리 사회 둘러보기	활동 전 알아야 할 것들	활동	자료들
- 사회 신뢰도 5점 만점에 2점, 가장 큰 문제는? - 조두순 사건 가해자 12년형 확정 - 나주 성폭행	- 가해학생의 특성 - 피해학생의 특성 - 학교폭력의 유형	- 어떤 말을 할까 - 나쁜 말, 상처 주는 말 - 사이좋게 지내기 위해 할 수 있는 방법 - 싸울 때의 규칙 - 남의 물건 가져오지 않아요. - 선장을 뽑아요. - 둘이 하나로 - 우리나라에 대해 알아요. - 군인아저씨	- 동화자료 - 견학할 만한 곳 - 동영상 자료

1. 우리 사회 둘러보기

'사회 신뢰도' 5점 만점에 2점, 가장 큰 문제는?

직장인 10명 중 7명이 사회를 불신하고 있다고 답했고 신뢰도는 5점 만점에 2점에 그친 것으로 조사됐다. 취업포털 커리어는 직장인 548명을 대상으로 설문조사한 결과 74.2%가 한국 사회를 불신한다고 답했다고 19일 밝혔다.

불신하는 이유(복수응답)는 78.8%가 '사회 전반적으로 신뢰할 수 있는 지도자가 없어서'를 꼽았다. '점점 범죄 수준이 심각해져서'(53.7%), '좋지 않은 소식만 들려서'(43.6%), '나라의 발전이 없어서'(37.7%) 순으로 응답했다. 전체 응답자를 대상으로 한국 사회에 개선이 필요한지 묻자 98.4%가 '그렇다'고 대답했다.

한국 사회의 신뢰도(5점 만점)를 점수로 묻자 평균 2점으로 집계됐다. '2점'이 31.8%로 가장 많았으며 '3점'은 26.1%, '1점'은 25.6%를 기록했다. '4점'과 '0점'은 각각 8.4%, 8.1%를 기록했다. 만점인 '5점'을 선택한 응답자는 없었다.

최근 가장 큰 사회적 이슈는 '성범죄 문제'가 43.5%로 1위를 차지했다. 이어 '물가상승'(17.4%), '묻지마 범죄'(14.3%), '대통령 후보 경선'(9.5%), '한일관계 문제'(7.5%), '왕따 문제'(5.5%) 순이다.

출처 : 경향신문 (2012. 9. 19)

'조두순 사건' 가해자 12년형 확정

등교 중이던 9세 여아를 화장실로 끌고 가 성폭행해 씻을 수 없는 상처를 준 범인이 국민들의 청원에도 불구, 대법원 항소심에서 원심 그대로 12년형을 확정받았다.

전자발찌 도입 1주년을 기해 일명 '조두순 사건'을 재조명한 KBS 1TV '시사기획 쌈' 제작진은 28일 홈페이지 공지를 통해 범인 조모씨(57)에게 원심의 12년형이 확정됐음을 알렸다.

제작진에 따르면 조씨는 12년형 외에 7년간 전자발찌를 차야 하고 5년간 신상정보가 공개된다.

지난해 말 A어린이는 등굣길에 만취한 조씨에게 끌려가 성폭행을 당했다. 이 어린이는 항문과 대장, 생식기의 80%가 영구적으로 소실돼 8시간의 수술을 받았지만 회복이 불가능해 배에 구멍을 뚫는 조치를 받았다. 또한 성장한 후에도 여성으로서의 역할을 할 수 있을지 의문인 상태다.

조씨는 재범임에도 불구하고 만취상태를 감안해 '심신미약' 판정을 받고 12년형에 처해졌다. 조씨는 판결결과를 승복하지 않고 대법원에 항소했으나 24일 원래 형 그대로 12년형을 확정받았다.

사건을 접한 네티즌들은 이런 사실에 분개해 각종 게시판에 '조두순 사건'을 알리며 강력한 처벌을 요구해 왔다. A어린이의 아버지는 현재 허탈함과 분노를 감추지 못하고 있는 것으로 전해졌다. 또한 "A를 돕고 싶다"는 손길이 이어졌지만 "A가 더 이상 외부에 노출되길 원치 않는다"며 정중히 거절했다. 다만 "제2, 제3의 피해아동을 막아 달라"는 간곡한 부탁만 남겨 주위를 숙연케 했다.

출처 : 한국경제 (2009. 9. 29)

'제 2의 조두순' 나주 성폭행 사건 발생

'제 2의 조두순' 사건으로 불릴 정도로 처참한 나주 성폭행 사건의 진상이 드러나면서 공분이 확산 중이다. 날이 갈수록 대담해지고 잔인해지는 성폭행 사건에 대해 보다 적극적이고 기민한 대응이 필요하다는 목소리가 커지고 있다. 이와 함께 피해 아동이 최대한 안정을 취할 수 있도록 각별한 주의를 기울여야 한다는 의견도 나오고 있다.

지난 30일 나주에서 발생한 '나주 성폭행 사건'에 대중이 분노하는 이유는 2008년 말 등교하는 초등학생을 납치해 잔인하게 성폭행했던 일명 '조두순 사건'과 피해 내용이 흡사하기 때문이다. 게다가 이번 나주 성폭행 사건은 범인이 집안에 들어가 거실에 자고 있던 피해 아동을 이불과 함께 납치하는 대범함까지 보이고 있다.

경찰에 따르면 30일 오전 7시 30분경 A(7) 양의 모친이 딸이 사라졌다고 실종신고를 했다. 경찰은 납치 가능성을 염두에 두고 수색에 나섰고 수색 약 1시간 만에 피해 아동을 발견했다. A 양은 나주 영산강 강변도로에서 알몸 상태로 발견됐으며 잠을 잘 때 덮고 있었던 이불을 끌어안고 있었다.

게다가 A 양은 약 5년 전에 발생한 조두순 사건의 피해 아동의 상황처럼 상처가 너무 처참했다. 대장이 파열되고 중요 부위에도 상처가 발생한데다 극심한 정신적 충격을 받은 것으로 알려졌다.

나주 성폭행 사건을 접한 시민들은 경악을 금치 못하고 있다. 한 시민은 SNS를 통해 "집에서 납치당하고 성폭행과 폭행 그리고 비와 추위 속에 있었던 아이를 생각하니 가슴이 먹먹하다. 부모가 그 아이를 지금이라도 지켜 달라. 정말 눈물 나온다"고 말했고 또 다른 시민은 "저런 행동을 한 사람은 사회와 영원히 격리시켜야 한다". "조두순 때도 기사보면서 분노에 치를 떨며 울었는데 이번 사건도 만만치 않다"고 말했다. 이와 함께 시민들은 '화학적 거세'나 '전자발찌' 등이 솜방망이 처벌이라며 분노하고 있다.

전남 나주에서 잠자던 초등학교 1학년 여학생을 이불째 납치해 성폭행한 충격적인 사건이 발생한 가운데 31일 오전 경찰이 용의자로 보이는 남성을 긴급 체포하고 있다. (연합)경찰은 수사본부를 꾸리고 과학수사대까지 합류시켜 범인 색출에 총력을 기울이고 있다. 범인이 A 양의 집에까지 들어와 납치한 점을 주목하고 있다. A 양의 집 인근에 있는 폐쇄회로 화면을 입수해 분석하는 등 본격적인 수사를 진행 중이다.

한편 경찰은 31일 오전 나주에서 탐문수사를 하던 중 갑자기 달아나는 중국 국적의 한 남성을 긴급 체포해 수사 중이다. 경찰은 도주 배경과 나주 성폭행 사건의 연관성을 조사하고 있지만 단순 불법체류자일 가능성도 있다.

출처 : 뉴스한국 (2012. 8. 31)

2. 활동 전 알아야 할 것

제 1장에서 살펴본 바와 같이, '학교폭력'의 개념은 학교와 관련하여 발생하는 폭력이며, 폭력이 학생들 및 교직원에게 영향을 미치는 것이라면 넓은 의미의 학교폭력의 개념으로 정의하고 있다.

학교폭력은 가해자와 피해자 모두가 청소년인 경우가 많기 때문에 청소년은 폭력의 피해자이면서 동시에 가해자가 될 수 있다는 점에서 더욱 심각하다. 가해학생과 피해학생의 특성을 살펴보도록 한다.

1) 가해학생의 특성

학교폭력의 가해학생이 나타내는 가장 두드러지는 특성은 공격성과 충동성이다. 이들은 권력과 지배에 대한 욕구가 강하여 남을 지배하고 굴복시키는 것을 즐겨한다. 본인의 행위에 대한 책임을 회피하고, 피해학생이 원인을 제공했다고 주장하기도 하며, 주변 환경에 대해 다소 적대감을 품고 있는 경우가 대다수를 차지한다.

특히 최근에는 근거 없는 공격성과 무분별한 폭력행위를 발현하는 경우가 늘어나고 있다. 이것은 인터넷 공간이 확장되고, 인터넷의 폭력장면에 많은 시간 노출되는 것이 한 원인으로 지적된다(김경, 2005; 김규학, 2013).

2) 피해학생의 특성

피해자는 크게 두 가지 유형으로 구분할 수 있다. 이는 소극적 피해와 도발적 피해자이다. 소극적 피해자란 공격을 도발하는 어떤 행동도 하지 않았는데, 아무런 이유 없이 폭행의 피해자가 되는 경우다. 일반적으로 소극적 피해자는 불안한 심리상태를 가지고 있다. 부모와 교사로부터 과잉보호를 받기도 하지만 이들의 마음 깊은 곳에서는 학교 환경을 신뢰하지 못하고 분노와 적개심을 나타낸다(김규학, 2013).

도발적 피해자란 가해자와 비슷한 수준의 공격성을 나타내며, 공격을 받았을 때 반격하려는 성향이 강한 경우다. 도발적 피해자들도 소극적 피해자와 비슷하게 불안한 심리상태를 보인다. 이들은 대인관계를 기피하거나 가해 집단에 가담함으로써 피해 집단을 벗어 나려고 한다(김경, 2005).

일반적으로 소극적 피해학생은 극단적인 자살로 문제를 해결하려는 경향이 있다. 반면 도발적 피해학생은 가해 집단에 가담하는 경향을 보여 가해자와 피해자를 명확히 구분하기 어렵다. 나아가 자신이 받았던 피해를 보상하기 위해 또 다른 폭력을 행하는 경향이 있어, 폭력이 반복되는 현상이 더 큰 문제로 지적되고 있다.

3) 학교폭력의 유형

「학교폭력 예방 및 대책에 관한 법률」에서는 학교폭력의 유형을 신체폭력, 금품갈취, 집단따돌림, 언어폭력, 성폭력, 사이버폭력 등으로 구분하고 있다. 이들의 개념과 사례들을 살펴보자.

(1) 신체폭력

사람의 신체에 대하여 폭력을 행사하는 것으로 형법상 폭행죄에 해당한다. 가장 흔하게 발생하는 형태이다. 다음은 신체폭력의 실제 사례이다.

지속적인 가혹행위와 협박

– 선배가 후배들을 1년 반 동안 성추행 및 가혹행위, 신체폭력을 함. 1학년 때부터 남학생 선배가 가혹행위를 하고 이를 따르지 않을 때는 구타를 함. 피해학생 6명에게 가해학생은 여드름을 짜서 먹이고 무좀, 손톱, 발톱 등을 깎아서 먹으라고 시킴. 이를 따르지 않으면 폭언과 함께 구타를 함. 또한 피해학생들의 성기를 발로 만지고 우산 등 다른 물건들로 교체해 가며 성기를 건드리면서 "기분이 어떠냐?"라고 물어 봤다고 함.

지속적 괴롭힘으로 자살에 이른 경우

– 고등학교 2학년 남학생이 같은 학교 선배 5명으로부터 괴롭힘을 당함. 지속적인 집단폭력(각목으로 10차례)과 금품갈취를 당하고 차비도 빼앗겨 걸어서 집에 오고, 신발도 빼앗겨 맨발로 들어옴. 밤늦게 전화로 불러 내고, 피해사실을 알리면 집에 불을 지르겠다고 협박당함. 지속적인 폭력과 금품갈취 및 괴롭힘으로 "이제는 쉬고 싶다"는 메모를 남기고 아파트에서 투신하여 자살함.

출처 : 청소년 폭력예방재단(http://www.jikim.net)

(2) 금품갈취

금품갈취란 "사람을 공갈하여 재물의 교부를 받거나 재산상 불법한 이익을 취득하거나 타인으로 하여금 이를 얻게 함으로써 성립되는 범죄"이다. 학교폭력의 경우에도 이와 동일하게 해석할 수 있다. 즉, 학교폭력에서는 "폭행이나 협박을 수반하여 정서적 피해를 야기하는 것"으로 폭행이나 협박을 통해 경제적 손해를 발생시켜 정신적 피해를 가했다면, 이는 학교폭력의 범주에 해당한다.

(3) 왕따(집단따돌림)

학교폭력 유형 중에서 청소년들이 가장 두려워하는 것이 또래들로부터 따돌림을 당하는 것이다. 특히 왕따라는 평을 듣거나 친구들에게 그렇게 인식되는 것을 가장 두려워한다. 집단따돌림에서 벗어날 기미를 보이지 않게 되는 경우 피해학생은 스스로 생존을 위해 비행집단에 가입해 자신을 보호하거나 또 다른 공격적인 태도 또는 정신장애와 극단적인 자살을 선택하기도 한다.

지속적인 따돌림으로 인한 자살 호소

- 고등학교 1학년 반에서 4~5명 되는 아이들이 신체적인 폭행발생. 설문지를 무기명으로 반에서 실시하였는데 반 아이 전체를 선동해서 왕따를 당하는 다른 아이로 지목하였고, 미리 사건상황에 대해서도 입을 맞춘 상태라서 일치된 설문 결과를 받음. 피해자는 지속적으로 담임선생님에게 그 아이가 아니라고 이야기하였지만 학교에서는 무관심하게 아이들이 모두가 인정을 하는데 피해학생이 잘못 본 것이 아니냐고 이야기하였음. 사건의 가해자로 몰린 따돌림 당하는 아이의 경우는 만성적인 학교폭력으로 인해 "내가 그냥 했던 것으로 하고 넘어가자"라고 하며 문제 상황을 회피함. 더 이상 해볼 필요가 없다며, 무기력감과 살고 싶지 않은 마음을 표현함.

집단따돌림으로 자살에 이른 경우

- 중학교 1학년 여학생이 같은 반 친구들로부터 따돌림을 당함. 친구들의 따돌림과 자신이 힘들어 하는 문자를 보낸 사실이 다른 학생들에게 공개적으로 드러난 것에 대한 수치심으로 유서를 남겨 놓고 학교 화장실 4층에서 투신함.

출처 : 청소년 폭력예방재단(http://www.jikim.net)

(4) 언어폭력

학교폭력의 또 다른 유형 가운데 하나인 언어적 폭력은 학교 내외에서 선후배나 동료들을 상대로 이뤄지는 놀림이나 조롱, 심한 욕설, 비난, 헐뜯기 등의 행위를 의미한다. 이러한 폭력은 타인에게 욕설을 한다든가, 상대가 갖고 있는 약점을 확대·과장 선전하거나 별명 등을 좋지 않은 방향으로 이용함으로써 자신의 욕구불만을 해소하는 행위로 이해되고 있다. 특히 언어적 폭력은 협박 등의 형식으로 이루어지기 때문에 대상자의 정서나 감정 등에 치명적인 영향을 줄 수 있다. 학생들 스스로가 느끼는 학생 언어 사용의 문제점으로는 욕설(50.5%), 언어폭력(33.4%), 은어(9.2%), 통신언어(5.2%) 등의 순으로 인식했다. 언어폭력이야 말로 신체폭력과 더불어 가장 흔히 발현되는 폭력의 유형으로 분류할 수 있다(청소년폭력예방재단, 2013).

학생 간 문자 성희롱 사건

– 학기 초부터 같은 반 중1 남학생에게 밤에 문자가 오는데 "남자화장실에 가서 뽀뽀하자." "야동에 나오는 소리, 단어를 말해 달라"고 함. 여학생은 충격을 받고 무기력한 듯 학교에 가는 것을 기피함.

사이버 폭력으로 인한 자살 호소

– 6학년 남학생들과 어울리던 친구들 6명이 게임을 했음. 게임의 내용이 진 사람이 술을 마시고 담배를 피우는 것이 벌칙이었음. 피해학생은 거절을 했고 게임에만 참석을 함. 그 후에 학교에 아이들이 술을 마시고 담배를 폈다는 소문이 돌게 됨. 그 소문의 진원이 피해학생이라고 지목이 되어 따돌림이 시작됨. 개인 홈페이지에 아이들이 피해아이를 욕하는 글이 올라왔고, '학교에 안 나왔으면 좋겠다. 이 세상에서 없어졌으면 좋겠다.' 라는 글들이 계속 올라옴. 부모에게도 말을 못하고 3개월이 지난 시점에 알게 되었음. 피해아이는 술과 담배가 걸려 있기 때문에 가해아이 부모님들이나 선생님께 알리는 것을 두려워하고 있었음. 계속 혼자서 고민하며 괴로워하고, 친구들 때문에 죽고 싶은 마음이 든다고 호소.

출처 : 청소년 폭력예방재단(http://www.jikim.net)

(5) 사이버폭력

사이버폭력이란 "상대방의 의사와 관계없이 이루어지는 인터넷상의 게시판, 댓글 등을 통한 비방과 욕설, 허위사실 유포, 개인정보와 사생활 유출 등의 행위로 특정대상에게 불쾌감과 정신적 피해를 주는 행동"을 말한다. 사이버폭력은 익명성이 있다는 점에서 큰 특징을 가진다. 법령에서 제시하는 따돌림의 예시를 살펴보면 다음과 같다.

※ 사이버 따돌림의 예시

- 학교 게시판이나 인터넷 사이트에 특정인에 대해 비방 · 험담하는 글을 올리는 행위
- 특정인에게 이메일이나 휴대전화 등을 통해 비난하는 메시지를 보내는 행위
- 특정인에 대해 안티카페를 만들어 험담하는 게시글을 올리고 공유하는 행위
- 특정인에 대해 허위의 사실을 다른 사람에게 휴대전화 문자로 발송하는 행위
- 특정인의 휴대전화번호를 인터넷상에 유포하는 행위

(6) 성적 폭력

성폭력이란 개인의 '성적 자기 결정권'을 침해하는 행위인데, 이는 상대방의 의사에 반하는 성을 매개로 일어나는 모든 폭력을 포함하는 광범위한 개념을 말한다. 청소년의 경우 저항하지 않거나 충분하게 거절의사를 표현하지 못했다고 하더라도 성적인 모든 행동은 물론, 성폭력에 대한 막연한 불안감, 굴욕감, 죄책감이나 공포뿐만 아니라 언어적인 협박도 성폭력에 해당하며 그로 인한 간접적인 행동을 제약하는 경우에도 성폭력에 해당한다. 이러한 성폭력을 판단하는 중요한 기준은 피해자가 동의를 했느냐의 여부로 결정되고 있다.

3. 활　동

활동명(1) 어떤 말을 할까?

활동 형태 소집단

활동 영역 자유선택활동

활동 목표

그림을 보고 이야기를 해 봄으로써 상황에 맞는 언어를 사용할 수 있다.

누리과정 관련요소

· 의사소통>듣기>낱말과 문장듣고 이해하기

· 의사소통>말하기>느낌, 생각, 경험 말하기

활동 자료

다양한 상황의 그림자료, 여러 신문의 카툰에서 발췌한 그림자료

활동 방법

1. 그림에 대해 이야기를 나눈다.
   - 무엇이 있니?
   - 이곳은 어디일까?

- 이 그림은 어떤 상황인 것 같니?
- 이런 경험이 있었니?

2. 그림상황에 대해 어떤 말을 해야 할지 생각하고 이야기해 본다.
    - 그림 속 친구들은 어떤 말을 할까?
    - 그림상황에 대해 어떤 말을 해야 할지 이야기해 볼까?

3. 정리한 후 평가한다.

공사장에서 아저씨들이 공사하다가 손에 가시가 찔려서 아파하고 있어요. 그래서 눈물을 흘려요.

'너랑 같이 안살고 떠나고 말테야'
친구가 너무 괴롭혀서 다른 곳으로 떠나려고 하는 거예요.

서로 싸웠는가 봐요. 서로 친하게 지내야 해요.

어떤 사람이 손에 칼을 들고 나타나서 무서워하고 있어요. 그래서 '살려주세요'라고 소리질러요.

활동명(2) 나쁜 말, 상처 주는 말을 찾아요.

활동 형태 소집단

활동 영역 언어, 탐색, 조작

활동 목표

- 나쁜 말, 상처 주는 말들이 있음을 안다.
- 주변에서 나쁜 말, 상처 주는 말들을 구별할 수 있다.

누리과정 관련요소

- 의사소통〉말하기〉상황에 맞게 바른 태도로 말하기
- 사회관계〉나와 다른 사람의 감정 알고 조절하기〉나와 다른 사람의 감정 알고 표현하기

활동 자료

TV, 인터넷, 우리 주변에서 사용하는 나쁜 말들을 찾아 게시한 자료

활동 방법

1. 여러 상황에서 말할 수 있는 나쁜 말들을 생각해 보고 이야기를 나눈다.
   - TV에서 들을 수 있는 나쁜 말들은 무엇일까?
   - 가정에서 들을 수 있는 나쁜 말들은 무엇이 있을까?
   - 친구들이 하는 나쁜 말들은 무엇이 있을까?

2. 나쁜 말 책을 만들어 본다.
   - 우리가 들어 본 나쁜 말들을 글과 그림으로 나타내 볼까?
   - 글과 그림을 가지고 나쁜 말 책을 만들어 볼까?
   - 우리가 써 본 나쁜 말들은 무슨 뜻일까?

3. 나쁜 말 책을 보며 이야기를 나눈다.
   - 나쁜 말할 때의 표정이 어떠할지 이야기해 볼까?
   - 나쁜 말을 많이 할 때의 기분은 어떠할지 이야기해 볼까?
   - 나쁜 말을 많이 하는 장소를 찾아볼까?

4. 정리한 후 평가한다.

친구랑 집에서 TV를 볼 때 나쁜 말해요. TV에서는 나쁜 말이 많이 나와요.

너 못생겼어, 너랑 같이 안놀아, 말안해, 꼴보기 싫어, 얄미워, 모두 나쁜 말이에요.

친구가 풍선을 뺏어 갔어요. 바보라고 이야기했어요.
나쁜 말이에요.

확장 활동

나쁜 말할 때의 느낌, 생각, 경험을 다른 사람에게 말한다.

활동명(3) 사이좋게 지내기 위해 할 수 있는 방법

활동 형태 소집단

활동 영역 이야기 나누기

활동 목표

사이좋게 지내기 위해 할 수 있는 방법을 찾아 실천할 수 있도록 한다.

누리과정 관련요소

· 사회관계〉다른 사람과 더불어 생활하기〉친구와 사이좋게 지내기

활동 자료

왕따와 관련된 사진자료, 그림자료, 필기도구

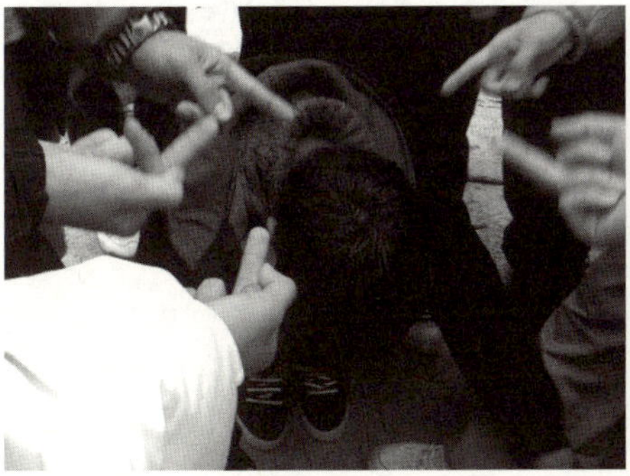

출처 : http://blog.naver.com/gemcomm1012?Redirect=Log&logNo=30131496823

활동 내용

1. 사진에 대해 이야기를 나눈다.
   - 무엇을 하고 있는 사진일까?
   - 이곳은 어디일까?
   - 친구랑 싸운 적이 있었니?
   - 친구랑 놀지 않는다고 말한 것이 있었니?
   - 따돌림당하는 친구의 마음은 어떨까?

2. 사이좋게 지내기 위해 할 수 있는 방법에 대해 이야기를 나눈다.
   - 친구랑 사이좋게 지내기 위해서는 어떻게 하면 좋을까?
   - 글과 그림으로 표현해 볼까?

3. 정리한 후 평가한다.

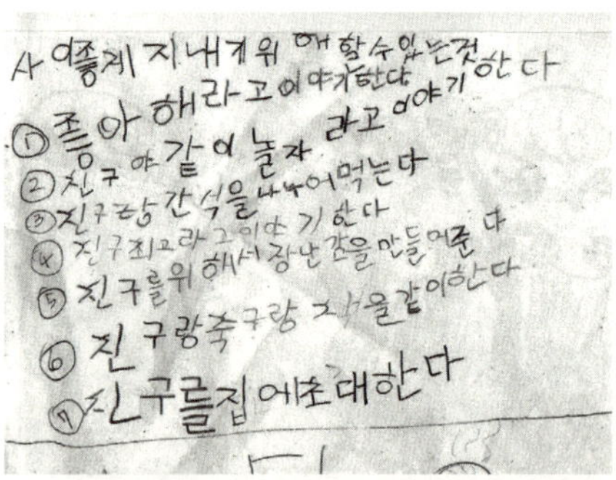

사이좋게 지내기 위해서 할 수 있는 것들

친구 보고 같이 놀자고 먼저 말해요.

확장 활동

친구들과 직접 도와줄 수 있는 일을 찾아 도와주기

활동명(4)

싸울 때의 규칙 정하기

활동 형태 소집단

활동 영역 조작

활동 목표

· 규칙의 개념을 안다.

· 서로 약속을 하고 실천할 수 있다.

누리과정 관련요소

· 의사소통〉말하기〉상황에 맞게 바른 태도로 말하기

· 사회관계〉다른 사람과 더불어 생활하기〉공동체에서 화목하게 지내기

활동자료

싸움과 관련된 사진자료

출처 : 마이데일리 (2005. 08. 08)

출처 : http://cafe.naver.com/wearedpinion/62

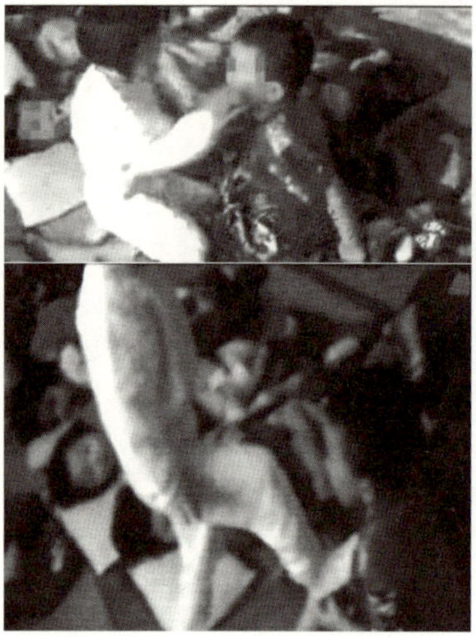

출처 : 서울신문 (2010. 05. 18)

출처 : http://blog.naver.com/dhkswk999?Redirect=Log&logNo=70142768183

활동 방법

1. 사진에 대해 이야기를 나눈다.
   - 이곳은 어디일까?
   - 사진 속에 사람들은 무엇을 하고 있을까?

2. 싸웠던 경험이 있는지 이야기를 나눈다.
   - 친구랑 싸웠던 경험이 있니?
   - 친구를 때렸던 경험이 있니?
   - 친구에게 맞았던 경험이 있니?
   - 어떤 기분이 들었니?

3. 싸울 때의 규칙을 정해 본다.
   - 친구와 싸울 때 지켜야 할 것이 있을까?
   - 어떤 것이 있을까?

- 규칙으로 정해 볼까?
- 어떤 기분과 느낌이 있었는지 얼굴과 몸으로 표현해 볼까?

4. 정리한 후 평가한다.

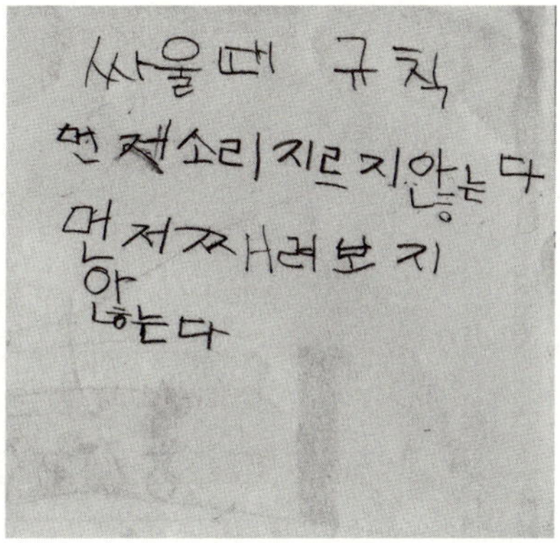

친구를 놀리지 않아요.

활동명(5) 남의 물건을 가져오지 않아요.

활동 형태 대/소집단

활동 영역 이야기 나누기

활동 목표

· 나의 것과 타인의 것을 구별할 수 있다.
· 타인의 것을 소중히 여길 수 있다.

누리과정 관련요소

· 의사소통〉말하기〉상황에 맞게 바른 태도로 말하기
· 사회관계〉나와 다른 사람의 감정 알고 조절하기〉나와 다른 사람의 감정 알고 표현하기

활동 자료

사진자료

출처 : http://cafe.naver.com/fujitasayuri/1240

활동 방법

1. 사진을 보며 이야기를 나눈다.
   - 도깨비가 있는 곳은 어디일까?
   - 도깨비는 지금 무엇을 하고 있을까?
   - 도깨비처럼 사람들이 편의점에 있는 물건을 다 가져가면 어떻게 될까?

2. 어린이집, 유치원의 물건을 집으로 가져간 경험에 대해 이야기 나눈다.
   - 어린이집, 유치원의 물건을 집으로 가져간 적이 있니?
   - 물건을 집으로 가져갈 때에 느낌은 어땠을까?
   - 물건을 갖고 싶은 마음에 집에 가져갔다면 어떻게 해야 할까?

3. 남의 물건을 훔치는 것이 나쁜 행동임을 알고 훔쳤을 때 어떻게 해야 하는지 알아본다.
   - 교실에 내 물건은 어떤 것이 있을까?
   - 내 것이 아닌 것을 뭐라고 말할까?
   - 내 것과 남의 것을 구분할 수 있을까?
   - 물건을 갖고 싶다면 어떻게 해야 할까?

4. 정리한 후 평가한다.

활동명(6) 선장을 뽑아요

활동 형태 대집단

활동 영역 이야기 나누기, 언어

활동 목표

· 책을 읽고 자신의 생각을 말한다.
· 대표자의 개념을 안다.
· 자신의 생각과 주장을 이야기할 수 있다.
· 투표를 하기 위해 준비하고 행동할 수 있다.

누리과정 관련요소

· 의사소통〉말하기〉느낌, 생각, 경험 말하기
· 의사소통〉듣기〉이야기 듣고 이해하기

활동 자료

'선장을 뽑아요' 책

책제목 : 선장을 뽑아요.
지은이 : 글/정민경, 그림/국설희, 감수/임용순
출판사 : 도서출판 아람(2008)

이 책은 대통령 이야기입니다. "나는 대통령이 될거야!" 아마도 이런 꿈을 가진 친구들이 있을 것입니다. 그런데 대통령은 무슨 일을 하는 걸까요? 이 책에 나오는 선장은 한 나라의 대통령과 같습니다. 우리가 대통령을 뽑듯이, 여기에서는 선장을 뽑는 것이죠. 어떤 선장을 뽑아야 하는지 이 책을 통해 알 수 있습니다.

활동 방법

1. 동화책에 대해 이야기를 나눈다.
   - 선장이란 어떤 사람을 말하는 것일까?
   - 선장을 어떻게 뽑을 수 있을까?
   - 어떤 선장이 좋은 선장일까?

2. 대통령에 대해 이야기를 나눈다.
   - 대통령은 무슨 일을 할까?
   - 대통령은 어떻게 될 수 있을까?
   - 어떤 사람이 좋은 대통령일까?

3. 선장이 필요한 곳은 어디인지 이야기 나눈다.
   - 어떤 곳에 선장이 필요할까?
   - 어떻게 선장을 뽑을 수 있을까?
   - 우리 반의 선장을 뽑는다면?

4. 정리한 후 평가한다.

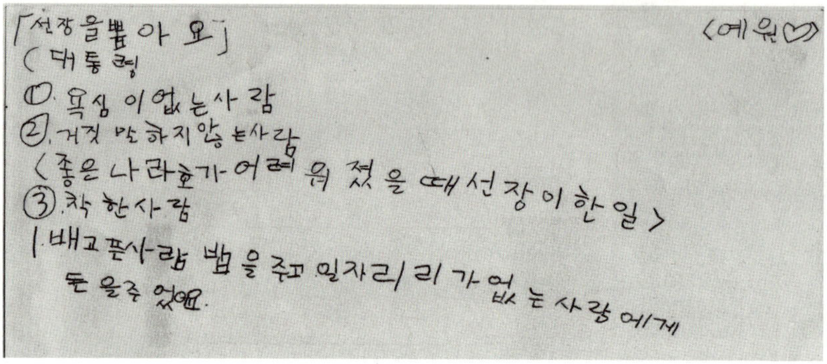
「선장을 뽑아 요」 <예원♡>
(대통령
①. 욕심 이없는사람
②.거짓 말하지않는사람
<좋은 나라호가 어려워 졌을 때선장이 한일>
③.착한사람
1.배고픈사람 밥을주고 일자리리가 없는 사람에게 돈을주 었어요.

활동명(7) 둘이 하나로, 전쟁의 원인을 알아요.

활동 형태 대집단

활동 영역 이야기 나누기, 언어, 사회

활동 목표

책을 읽고 느낀 점을 이야기할 수 있다.

누리과정 관련요소

· 의사소통〉듣기〉이야기 듣고 이해하기

· 의사소통〉말하기〉느낌, 생각, 경험 말하기

활동 자료

'둘이 하나로' 책

책제목 : 둘이 하나로
지은이 : 글/이상교, 그림/김은미, 감수/임용순
출판사 : 도서출판 아람(2008)

이 책은 통일 이야기입니다. 사이가 좋은 쌍둥이 형제가 서로를 아끼며 행복하게 살고 있었습니다. 어느 날 둘에게 작은 오해가 생겼어요. 상대방에 대해 이해하려고 하지 않고 둘은 자신의 입장만 내세우며 싸웠지요. 그 후 둘은 만나지도 않고 서로에 대한 마음의 문을 닫아 버렸습니다. 두 형제의 모습이 어떻게 변했을까요?

활동 방법

1. 우리나라에 대해 이야기를 나눈다.
   - 우리나라 지도를 본 적이 있니? 어떻게 생겼었니?
   - 태극기를 본 적이 있니?
   - 태극기는 어떻게 생겼을까?

2. 한반도 지도와 태극기를 보며 이야기를 나눈다.
   - 우리나라 지도를 보니 모양이 어떠니?
   - 우리가 살고 있는 곳은 어디에 있을까?
   - 태극기의 빨강색과 파랑색은 무엇을 뜻할까?
   - 태극기의 검은색 막대기는 무엇을 뜻할까?
   - 왜 검은색 막대기마다 모양이 다를까?

3. 정리한 후 평가한다.

확장 활동

통일의 탑을 쌓아요.

활동명(8) 우리나라에 대하여 알아요.

활동 형태 대집단

활동 영역 이야기하기, 조작

활동 목표

· 우리나라가 세계 중에 어디에 있는지 알아볼 수 있다.
· 우리나라를 대표하는 것들을 알고, 소개할 수 있다.

누리과정 관련요소

· 의사소통〉말하기〉상황에 맞게 바른 태도로 말하기
· 사회관계〉사회에 관심 갖기〉우리나라에 관심 갖고 이해하기

활동 자료

세계지도, 그림도구

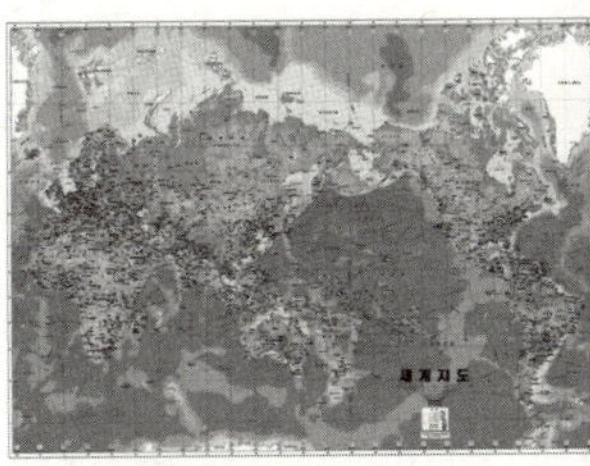

활동 방법

1. 우리나라는 어디에 있는지 세계지도를 보며 이야기를 나눈다.
   - 세계지도는 어떻게 생겼을까?
   - 우리나라는 어디에 있을까?

2. 우리나라를 대표하는 것들에는 무엇이 있는지 이야기를 나눈다.
   - 우리나라에는 무엇이 있을까?
   - 다른 나라에는 없는 것이 우리나라에 있을까? 무엇이 있을까?

3. 우리나라를 대표하는 것들은 글이나 그림으로 표현한다.
   - 우리나라를 대표하는 것들이 무엇이 있을까?
   - 대표하는 것들을 글이나 그림으로 표현해 볼까?

4. 정리한 후 평가한다.

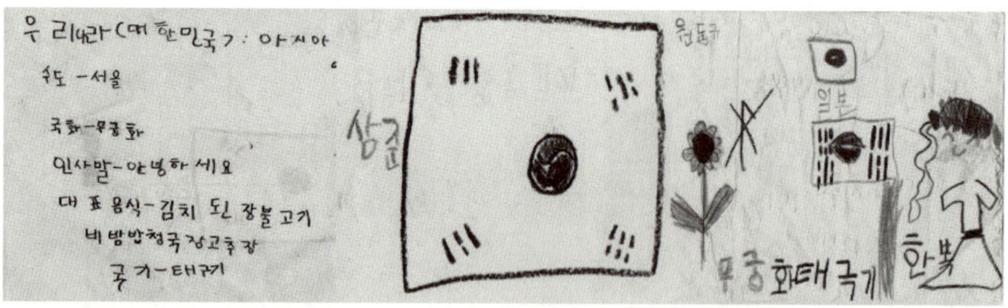

확장 활동

우리나라 전통 그림과 화가에 대해 알아보기

활동명(9) 군인아저씨에게 궁금한 것이 있어요.

활동 형태 대집단

활동 영역 이야기 나누기, 탐구

활동 목표

군인의 역할에 대해 생각해 보고 궁금한 것을 이야기할 수 있다.

누리과정 관련요소

· 자연탐구〉탐구하는 태도 기르기〉탐구과정 즐기기

· 사회관계〉사회에 관심 갖기〉우리나라에 관심 갖고 이해하기

활동 자료

활동 방법

1. 군인아저씨에 대해 이야기를 나눈다.
   - 우리나라를 지켜 주는 분을 뭐라고 부를까?
   - 군인아저씨를 본 적이 있니?
   - 군인아저씨는 무슨 일을 하실까?
   - 군인아저씨는 무슨 옷을 입고 계실까?

2. 군인아저씨의 역할에 대해 이야기를 나눈다.
   - 군인아저씨를 만나 보니 어땠었니?
   - 군인아저씨의 모습은 어땠었니?

- 군인아저씨가 하시는 일은 무엇이니?

3. 군인아저씨들이 사용하는 무기들을 찾아보고 다양한 자료를 사용하여 만들어 본다.
   - 군인아저씨들이 사용하는 무기는 어떤 것들이 있을까?
   - 폐품이나 블록을 사용하여 만들어 볼까?
   - 무기를 사용하는 이유는 무엇일까?

4. 군인아저씨들이 부르는 노래를 찾아 들어 본다.
   - '군가'라는 말을 들어 본 적이 있니?
   - 군가를 들어 볼까?
   - 어떤 노래가사가 들렸니?
   - 군가노래를 들으니 어떤 느낌이 들었니?
   - 군가노래에 맞춰서 연주할 수 있는 악기는 무엇이 있을까?
   - 군가에 맞추어 악기 연주를 해 볼까?

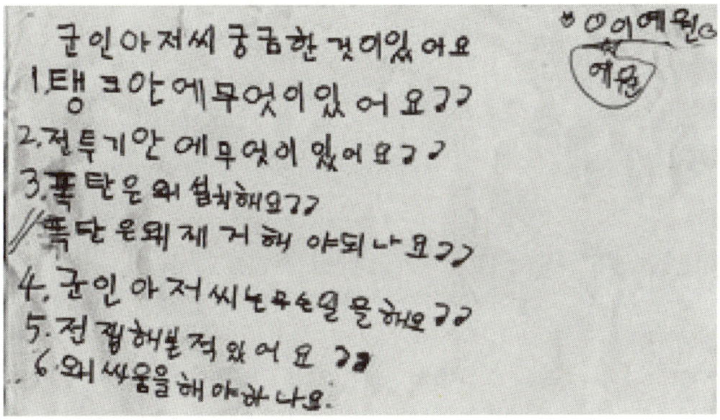
○○이예원
예원

군인아저씨 궁금한것이있어요
1.탱크안에무엇이있어요??
2.전투기안에무엇이있어요??
3.폭탄은왜설치해요??
//폭탄은왜제거해야되나요??
4.군인아저씨는무슨일을해요??
5.전쟁해볼적있어요??
6.왜싸움을해야하나요.

4. 참고할 만한 자료들

동화

책제목 : 도와줘요, 빨래할머니
지은이 : 글/엄미랑, 그림/장효원.
출판사 : 별똥별(2009)

어떻게 해야 할까요? 다른 사람이 내 몸을 만지려고 하거나, 억지로 차에 태우려고 한다면 어떻게 해야 할까요?
위험한 상황에서 나를 지키는 방법과 대처 방법을 책을 통해 알아봅니다.

책제목 : 나쁜 비밀이 있어요
지은이 : 류현
출판사 : 별똥별(2009)

어떻게 해야 할까요? 지나에게 나쁜 비밀이 생겼어요. 지나는 이제 어떻게 해야 할까요? 책을 통해 성폭행을 예방하는 방법과 성폭력을 당했을 때 올바르게 대처하는 방법을 알아보아요.

책제목 : 미안해, 고마워
지은이 : 글/심정민 · 서지원 · 김은의, 그림/최정인 · 오진욱 · 진지현
출판사 : 파란자전거

첫 번째 이야기 ― 여섯 살 소녀 보은과 강아지 보리의 만남과 사랑, 이별을 이야기합니다.
두 번째 이야기 ― 고양이를 끔찍이 돌보는 혜연이와 고양이를 끔찍이 싫어하는 아빠가 서로를 이해하고 화해하는 과정을 보여 줍니다.
세 번째 이야기 ― 오랫동안 함께 지내던 주인을 갑작스럽게 잃고 혼자가 되어 버린 개 '라나'의 목소리로 아빠의 진정한 사랑을 깨달아 가는 린이 엄마와, 동물과 사람의 사랑이 다르지 않음을 이야기합니다.

책제목 : 외갓집에 가고 싶어요
지은이 : 글/정길연, 그림/이정아
출판사 : 가교(2008)

푸름이는 또래의 친구가 하나밖에 없는 시골아이입니다. 푸름이는 엄마를 닮아 다른 아이들과 다르게 얼굴이 검은 편이에요. 엄마가 베트남에서 왔거든요. 푸름이는 엄마가 베트남에 두고 온 가족들이 보고 싶어서 혼자 계실 때면 우신다는 것을 알게 되었지요. 사랑하는 엄마, 아빠와 푸름이는 외갓집에 갈 수 있을까요?

책제목 : 두레실 할아버지의 소원
지은이 : 글/이성자, 그림/전필식
출판사 : 해피북스(2007)

초등학교 2학년인 현수는 오늘도 할아버지 생각에 학교에서 친구들과 공 차는 일도 하고 집으로 향합니다. 할머니가 돌아가신 뒤로 할아버지는 늘 우울하다며 집 안에서 현수가 돌아오기만을 기다리고 있기 때문입니다. 그런데, 할아버지가 안 보입니다. 놀란 현수는 부모님께 연락을 하고, 할아버지를 찾아나서는데…….

책제목 : 동쪽괴물 서쪽괴물
지은이 : 글/데이비드 맥키
번　역 : 장석봉
출판사 : 국민서관(2007)

동쪽 괴물과 서쪽 괴물은 각각 '밤이 오고 있다.' '낮이 떠나고 있다'라고 다르게 말합니다. 조금만 달리 생각하면 상대방의 말이 옳다는 것을 알 수 있는데도 말입니다. 자신의 입장만을 생각하니 화가 나고 잠도 안오고 서로 싸우게 되는 것입니다. 자신의 입장만 생각하면서 화내고 잠 못 자고 결국은 욕을 퍼부으면서 산 위로 돌을 던지며 자신이 보고 있는 작은 세계가 세상의 전부라고 여기는 사람들을 풍자한 작품입니다.

견학할 만한 곳

- 지구촌 박물관 http://www.serii.re.kr/cms.do?method=getCms&mcode=S059
- DMZ 박물관 http://www.dmzmuseum.com/museum/kor/
- 통일 전망대 http://www.tongiltour.co.kr/
- 서울 어린이대공원 http://www.sisul.or.kr/home_childrenpark/index.jsp
- 인천 어린이 과학관 http://www.icsmuseum.go.kr/

참고 문헌

경향신문. 2012. 9. 19. 사회신뢰도 5점 만점에 2점, 가장 큰 문제는?

김경(2005). 청소년 비행의 개인적 요인과 사회적 요인의 상호작용에 관한 연구. 숭실대학교 대학원 박사학위청구논문.

김규학(2013). 청소년의 학교폭력비행행동에 영향을 미치는 요인. 대구한의대학교 대학원 박사학위청구논문.

뉴스한국. 2012. 8. 31. 제2의 조두순 나주 성폭행 사건 발생.

청소년폭력예방재단(2013). 지속적인 가혹행위와 협박.

________________(2013). 지속적인 괴롭힘으로 자살에 이른 경우.

________________(2013). 지속적인 따돌림으로 인한 자살 호소.

________________(2013). 집단따돌림으로 자살에 이른 경우.

________________(2013). 학생간 문자 성희롱 사건, 사이버폭력으로 인한 자살 호소.

학교폭력예방 및 대책에 관한 법률, 제9932호, 2010. 01. 18.

한국경제. 2009. 9. 29. 조두순 사건 가해자 12년형 확정.

제 6 장

학교폭력의 예방, 한 걸음 더 나아가 "환경" 속에서

환경의 평화와 관련된 활동들

1. 우리 사회 둘러보기
2. 활동 전 알아야 할 것
3. 활동
4. 참고할 만한 자료들

환경의 평화란 자연환경의 오염을 막는 일, 환경을 잘 가꾸고 깨끗이 보존(保存)하는 일, 환경을 적절하게 이용하는 일 등을 통해 인간과 환경이 조화를 이루어 위생적이고 쾌적한 생활을 유지하는 것이다. 이렇게, 환경을 보호하는 것은 지구에 대한 폭력을 예방하는 방법이다.

본 장에서는 지구 환경의 특성을 살펴보고, 파괴되고 있는 환경과 그 원인을 탐색해 본다. 또한 우리 생활에서 손쉽게 할 수 있는 환경 보호 방법을 찾아보고 실천해 보는 것을 목표로 한다.

환경의 평화

우리 사회 둘러보기	활동 전 알아야 할 것들	활동	자료들
– 기후 변화로 위협받는 명산 – 빙하 녹아 쓰나미 위협 – 지구 온난화에 설악산 희귀나무들 멸종 위기	– 환경 위기 시계 – 대기오염물질 – 물의 순환 – 지구 온난화	– 자연의 소리 – 나무가 되어요. – 바람을 따라가요. – 물탑무지개 – 얼음그림 – 화산폭발 실험 – 오염된 물 속 세상 – 하루쓰레기 – 에너지 부족? – 태양에너지 – 절약책 – 간이 정수기	– 동화자료 – 견학할 만한 곳 – 동영상 자료

1. 우리 사회 둘러보기

기후변화로 위협받는 세계 5대 명산

기후변화 피해가 세계적 명산을 위협하고 있다는 지적이 제기됐다.

24일 기후변화행동연구소가 소개한 미국의 유명 기후변화 블로그 씽크프로그레스 선정 '기후변화 위기에 처한 세계의 5대 명산'에 따르면 세계의 지붕이라 불리는 히말라야 에베레스트는 빙하가 빠르게 녹고 있어 등반로 이용이 위험해지고 있다.

심지어 일부 지역에서는 더 이상 등반이 불가능할 것이라는 전망도 나온다.

국제통합산지개발센터(ICIMOD)는 지난 30년간 히말라야에서 20%가 넘는 빙하가 사라졌고 이는 히말라야가 공급하는 수자원에 의지하는 주민 13억 명의 생존을 위협하고 있다고 경고했다.

유럽에서 가장 높은 산 가운데 하나인 알프스 마터호른은 최근 부쩍 높아진 산사태 위험으로 등반과 하이킹은 물론 케이블카를 이용한 관광마저 위험하게 만들고 있다.

취리히 대학 연구진에 따르면 기온이 상승하면서 마터호른의 해빙수가 산 암석 틈으로 침투한 후 동결과 해빙을 반복하면서 균열을 더 크게 만들어 산사태를 유발하고 있다.

'디날리산'으로도 불리는 알래스카산맥 매킨리산은 북미에서 가장 높은 산으로 미국에서도 손꼽히는 관광지다. 알래스카는 미국에서 온난화가 가장 빠르게 진행되고 있는 지역으로 빙하의 소실, 외래종의 침입, 영구 동토층의 해빙 등이 빠르게 진행되면서 매킨리산의 경관은 과거의 모습을 찾아볼 수 없을 만큼 변하고 있다.

전문가들은 20년 이내 아프리카에서 가장 높은 산인 탄자니아 킬리만자로 정상에 쌓인 눈들이 모두 녹아 없어질 것이라고 경고하고 있다. 오하이 주립대학 연구진에 따르면 킬리만자로에서는 1912년 이후 85% 가량의 얼음이 자취를 감췄고 특히 지난 10년 동안만 26%가 사라졌다.

안데스 코토팍시산은 에콰도르에 있으며 세계에서 가장 높은 활화산에 속한다. 코토팍시산은 관광지이자 인근 주민 240만 명과 생태계에 물을 공급하는 생명의 원천으로 잘 알려져 있다.

그러나 온난화가 지금과 같은 속도로 진행된다면 이 '빙하 화산'은 볼품없는 단순한 화산으로 변모할 것으로 전망되고 있다. 기후학자와 빙하학자들에 따르면 코토팍시산은 지난 35년간 이미 얼음층 40% 가량을 잃었다.

그린포스트코리아 (2012. 04. 24) 배샛별 기자 star@eco-tv.co.kr

네팔 빙하 녹아 산중 쓰나미 위협

히말라야 산악 국가인 네팔에서 빙하가 급속히 녹아 내려 산중 호수들의 범람으로 인한 쓰나미가 우려되고 있다.

지난 30년 동안 히말라야 빙하를 관찰해 온 네팔 수도 카트만두 소재 국제통합산악개발센터(ICIMOD)에 따르면 네팔의 많은 빙하가 수백년 전부터 줄어들고 있긴 하지만 최근 그 속도가 놀라울만큼 빨라져 2천300여 개의 빙하 호수 가운데 최소한 20개의 둑이 터져 나갈 위험을 안고 있다.

ICIMOD 과학자들은 지난 30년간 히말라야의 기온 상승폭은 지구 평균치의 8배나 되며 그 결과 높은 고도에서 빠르게 빙하가 녹고 있다고 지적했다.

뎅보체 마을 위쪽 임자 빙하의 경우 연간 70m씩 빙설 한계선이 물러나면서 녹은 얼음이 거대한 호수를 형성해 둑이 무너질 경우 산 아래 마을들을 덮칠 위험을 안고 있다.

넓이 1㎢의 임자 호수는 면적으로 보면 네팔에서 두 번째로 크지만 3천600만㎥의 물을 담고 있어 홍수의 위험은 가장 큰 것으로 꼽힌다.

빙하 호수가 붕괴함으로써 얼마나 많은 인명 피해가 날지 정확한 정보는 없지만 전문가들은 홍수가 네팔의 남부 평원에까지 미칠 것으로 보고 있다.

우다이 라지 샤르마 환경장관은 임자 호수가 붕괴할 경우 지난 2004년 인도양 쓰나미에 비견될 만한 '네팔 쓰나미'를 일으킬 것으로 우려했다.

네팔 정부는 이 문제에 대처하기 위해 국제 사회의 도움을 요청하고 있지만 손쉬운 해결책이 나올 것으로 보이지는 않는다.

가장 위험한 지역 주민들은 집을 떠나지 않으려 하고 호수의 물을 빼는 것은 비용이 많이 들고 위험하며 효과가 보장되지도 않는다.

10년 전 네팔은 네덜란드 정부의 지원으로 히말라야 동부의 빙하 호수 초 롤파의 수위를 낮추는 300만 달러 규모의 사업을 벌였다.

이 호수는 1957년 0.23㎢에 불과했으나 1997년에는 1.65㎢로 불어나 주변 마을과 하류의 대형 수력발전소를 위협하고 있었다.

엔지니어들은 호수 옆으로 폭 7m, 길이 70m의 수로를 내 수위를 낮추고 붕괴의 위험을 크게 줄였으나 ICIMOD의 전문가들은 비용만 많이 들어갔을 뿐 홍수의 위험이 사라진 것은 아니라고 지적했다.

이들은 차라리 그런 돈을 주민들에 대한 경각심을 높이고 조기 경보 체계를 마련하는데 쓰는 것이 낫다고 주장하고 있다.

조선일보 (2009. 08. 31)

지구 온난화에 설악산 희귀나무들 멸종 위기

지구 온난화로 멸종위기에 처한 눈향나무

국내·외 전문가 대책 모색

생물종 다양성 보존의 날인 22일 국내·외 산림·유전자 전문가들이 도내에서 지구 온난화에 따른 생물자원 보존 방안을 찾기 위해 머리를 맞댔다.

국립산림과학원이 이날 오전 홍천 대명비발디파크 회의실에서 개최한 '기후변화 대응을 위한 산림유전자원 보존 국제심포지엄'에 참석한 국내·외 산림 및 유전자 전문가 8명은 각국의 고산 희귀 수종 관련 연구 결과를 발표했다.

이 자리에서 홍경낙 산림유전자원과 박사는 "설악산 등 국내 고산 지대 수종은 개체수가 적고 분포 면적이 좁아 유전 다양성이 매우 낮다"며 "이들 수종은 앞으로 그 수가 더 줄어들 것으로 예측돼 대책 마련이 시급하다"고 강조했다.

또 타카하시 일본 삼림총합연구소 박사는 '일본의 유전자원보존 국가전략 및 계통지리학 연구 현황'을, 유이 리 중국 베이징임업대학교 교수는 '중국 소나무류의 유묘 생장과 유전변이 분포' 등을 각각 발표했다. 이날 심포지엄은 기후변화로 멸종 위기에 처한 고산 유전자원을 효과적으로 보존하기 위한 대책을 모색하기 위해 마련됐다.

참가자들은 23일 오전 점봉산 산림유전자원보호구역에서 '산림유전자원보호구역 관리 방안'에 대해, 24일 오전 대관령 특수 조림지에서 '백두대간 훼손 복구지의 산림유전자원 보존 방안'에 대해 각각 토론을 벌인다.

강원일보 (2012. 5. 23)

2. 활동 전 알아야 할 것

1) 환경위기시계

환경위기시계란 인류생존의 위기감을 시각으로 표현한 것이다. 1992년 환경재단(Korea Green Foundation)이 일본 환경단체인 아사히그라스 재단(The Ashahi Glass Foundation)과 공동으로 매년 전세계 정부기관 · 대학 · 연구소 · 환경단체 등 환경전문가들을 대상으로 설문 조사를 실시해 전문가들이 느끼는 인류생존 위기감을 시간으로 표시해 발표한다.

환경위기시계의 구분은 4단계로 표시된다.

- 00:01～03:00 → 불안하지 않음
- 03:01～06:00 → 조금 불안함
- 06:01～09:00 → 꽤 불안함
- 09:01～12:00 → 매우 불안함

환경위기시계가 나타내는 12시는 '인류생존이 불가능한 마지막 시간', 즉 '인류의 멸망시각'을 의미한다.

2008년 환경오염에 따른 지구의 환경위기 정도는 9시 33분을 가리켜, 환경위기시계 조사가 시작된 이래 12시에 가장 가까운 위험한 수준을 나타냈다. 환경위기시계를 통해 지구환경 파괴가 가속화되어 가는 것에 대한 경각심을 일깨워 준다(지식엔진연구소, 2012).

우리나라 환경위기시계는 몇 시 몇 분?

출처 : 한국환경공단(2011)

2012년 우리나라의 환경위기시계는 9시 32분을 가리켰다. 예년과 같이 여전히 위험 상태다. 세계 환경위기시계는 9시 23분으로 작년에 비해 22분 경과했다. 역시 위험하다(환경재단, 2012).

2) 대기오염물질

대기오염물질은 크게 기체상 물질과 입자상 물질로 구분되며 기체상 물질에는 일산화탄소, 질소산화물, 황산화물, 탄화수소 등이 있으며 입자상 물질에는 먼지, 매연, 연무, 검댕 등이 있다. 대기오염물질 배출량은 국가 대기환경정책 수립을 위한 가장 기초적인 자료로서 어떤 종류의 대기오염물질이 어느 지역의 어떤 배출원에서 얼마만큼 배출되는지를 파악하는 것으로서 환경부 국립환경과학원에서는 국가 대기오염 배출량을 매년 선정하여 국가 공식 통계자료로 관리하고 있다.

CO(일산화탄소) 유독한 기체로 사람이 소량만 흡입하여도 중독을 일으키고 헤모글로빈의 산소운반 능력을 크게 감소시켜서 자칫하면 목숨을 잃는다. 주된 발생원은 주택난방, 자동차 배기가스, 연탄가스 등이다.	**NOx(질소산화물)** 인체에 유해한 기체로, 직접적으로 인간의 호흡기를 자극하여 염증을 일으키고 식물에 손상을 주고 간접적으로는 광화학스모그 반응에서 핵심적 역할을 한다. 지구 온난화를 유발하는 온실기체다.
SOx(황산화물) 무색의 강한 자극성 기체로 호흡기에 유독하고 약한 식물에 해를 주어 고사시킨다. 산성비를 내리게 하는 원인 물질이며 빌딩과 금속 구조물을 부식시키고 동식물에 해를 끼친다.	**DUST(먼지)** 먼지는 대기 중에 떠다니거나 흩날려 내려오는 입자상 물질이다. 건강에 미치는 영향은 입자의 크기가 작을수록 폐에 대한 악영향이 증가한다.
VOC(휘발성 유기화합물) 휘발유 등 석유제품의 사용, 석유, 알코올 등이 불완전연소되어 생성된다. 오존 및 PAN 등의 오염물질을 생성하는 원인 물질로서 시정장애, 눈병, 호흡기장애 등을 유발하며 식물을 손상시키기도 한다.	

출처 : 국립환경과학원(2012)

전국 시도별 오염물질 배출량(2009년)

시도명	CO	NOx	SOx	PM10	VOC
전 국	846,245	1,062,213	418,732	124,260	851,594
제주도	9,726	10,706	2,651	451	5,968
전라북도	32,949	38,622	8,879	1,724	31,621
충청남도	54,774	116,337	48,518	3,763	58,713
인천광역시	52,294	50,554	17,003	2,003	51,026
부산광역시	51,733	57,650	33,032	3,281	36,735
대전광역시	23,767	16,157	1,968	623	15,694
강원도	33,632	88,072	39,755	31,997	18,872
경상남도	52,087	86,039	24,153	3,702	80,950
울산광역시	31,349	54,260	62,964	8,335	98,942
서울특별시	150,557	69,558	4,561	2,045	78,363

시도명	CO	NOx	SOx	PM10	VOC
경상북도	67,977	101,764	46,006	18,951	62,235
광주광역시	18,178	10,005	1,187	411	13,206
대구광역시	39,685	23,877	3,524	1,008	25,470
전라남도	40,965	100,144	73,812	29,884	74,787
충청북도	35,878	58,829	10,503	3,817	28,075
경기도	150,697	179,642	40,215	12,265	170,937

출처 : 국립환경과학원(2009)

우리나라 전국의 오염물질 배출량을 조사한 결과(2009), 일산화탄소(CO)의 배출량은 경기도와 서울특별시가 가장 높았고, 질소산화물(NOx)의 배출량도 경기도가 가장 높았다. 황산화물(SOx)의 배출량은 전라남도가 가장 높았으며, 먼지(PM10)가 가장 많은 곳은 강원도이며, 휘발성 유기화합물(VOC)의 배출량은 경기도가 가장 높았다. 즉 경기도는 일산화탄소, 질소산화물, 휘발성 유기화합물 등의 배출이 많아 시급히 대기를 정화시키려는 노력을 해야 한다.

3) 물의 순환

지구상의 물은 대부분 비나 눈의 형태로 땅에 내린 것이다. 지상에 내린 물의 일부는 지표에서 바로 증발하고, 일부는 산림, 호수 등을 거치면서 증발된다. 또, 땅 속으로 스며들기도 하고 대부분은 작은 하천이나 강을 통해 바다로 흘러들어간다. 바닷물은 공기 중으로 증발하여 빗물의 일부가 된다. 이와 같이 물은 지구 내에서 대기와 육지, 바다로 번갈아 이동하는데, 이를 '물의 순환'이라 한다(물환경정보시스템, 2012 http://water.nier.go.kr).

물의 순환
출처 : 물환경정보시스템

수질 오염의 주범은 가정의 생활하수
출처 : 물환경정보시스템

수질오염이란 가정에서 쓰고 버리는 더러운 물, 공장에서 버리는 쓸모없는 물, 농촌의 가축분뇨와 농약에 오염된 나쁜 물이 하천이나 호수에 들어오게 되어 물이 오염되는 것으로, 가장 중요한 수질오염의 원인은 가정에서 버리는 생활하수다(물환경정보시스템, 2012 http://water.nier.go.kr).

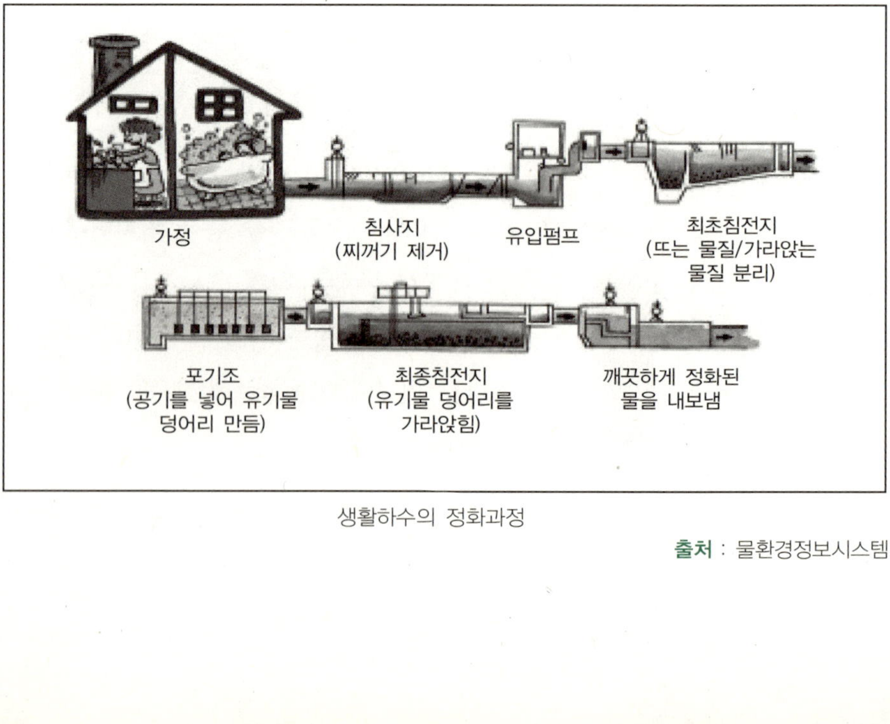

생활하수의 정화과정

출처 : 물환경정보시스템

오염된 물을 깨끗하게 하기 위해 하수처리장을 만들어 정수한다. 하수도를 통해 흘러나온 오염된 물은 침전을 통해 유기물을 걸러 내어 깨끗한 물로 만들어진다. 그러나 하수도를 통해 흘러나온 오염된 물을 모두 정수하지 못하는데, 하수처리장에서 제대로 처리되지 않으면 대부분 강이나 하천으로 흘러들어가 바다를 오염시키고 있다. 우리나라에서 오염된 하수가 처리되는 비율은 42%(1994년 하수처리율)에 불과하다.

4) 지구 온난화

태양에서부터 나온 열에너지는 지구에 도달하게 된다. 지구에 도달한 열에너지 중 일부는 지구 표면에 흡수가 되고 나머지는 다시 우주로 보내진다. 우주로 방사되는 열에너지 중 일부는 적정한 온실가스에 의해 다시 지구에 재흡수된다. 이러한 과정을 통해서 지구는 평균 온도 15°C 정도의 적정한 온도를 유지할 수 있게 되는 것이다(허재안, 2009). 만일 지구의 모든 열에너지가 우주로 방사된다면, 아마 지구의 평균 온도는 영하가 될 것이다. 반대로 모든 열에너지가 지구로 흡수된다면, 아마 지구는 펄펄 끓는 용광로가 될 것이다. 따라서 자연적이고 적정한 온실가스의 유지는 매우 중요하다.

지구 온난화란 자연적이고 적정해야 할 온실가스가 자연적 균형 상태 이상으로 강화되어 열에너지의 불균형 상태를 유발하고, 이로 인해 지구 표면 기온이 상승하게 되고 지구 생태계의 불균형 상태를 초래하게 되는데, 이를 모두 포함하는 말이다.

지구 온난화의 원인은 아직까지 명확하게 규명되지 않았으나, 근대 산업화 이후에 증가하게 된 이산화탄소, 메탄, 프레온가스 등의 온실기체 및 환경오염이 유력한 원인으로 꼽힌다(두산백과, 2013).

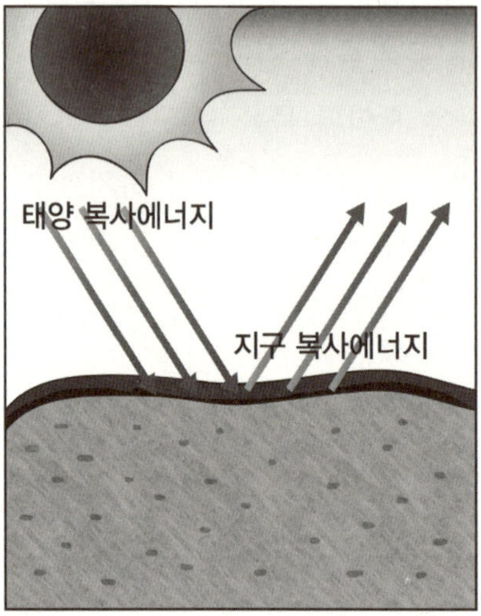

열에너지가 모두 우주로 방출된다면 지구의 평균온도는 영하가 된다.

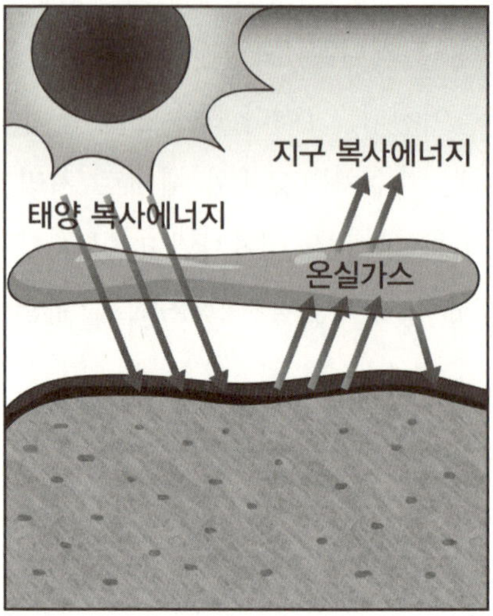

열에너지의 적정한 흡수와 방출이 지구의 평균온도를 유지시켜 준다.

지구 온난화의 영향은 자연생태계 및 환경은 물론 수자원, 농림수산, 산업 등 인간의 삶 전체에 거쳐 광범위하다. 자연생태계 및 환경에 주는 영향은 지구 평균 온도의 상승, 기상 및 기후변화로 인한 강수량 · 가뭄 · 태풍발생의 증가, 해수면 상승, 생태계 서식장소의 온도변화로 인한 생존 위협 등을 들 수 있다(김철희, 2007).

우리나라는 지난 100년간 1.5℃ 상승하였으며, 이는 지구 평균의 2배이다. 또한 제주지역 해수면은 지난 40년간 22cm 상승하였고, 이는 세계 평균의 3배 높은 수치다. 이렇게 우리나라의 기후변화 진행속도는 세계 평균보다 높다. 또한 이와 같은 급속한 기온상승으로 집중호우 및 태풍이 빈번하게 발생하여 막대한 인명 및 재산상의 피해가 초래되고 있다. 최근 10년('94~'05) 간 폭염으로 인해 2,127명이 사망하였고, 기온상승으로 말라리아 환자가 '94년 5명에서 '07년 22,227명으로 증가하였다(기후변화홍보포털www.gihoo.or.kr).

동해안 평균수온 변화(1968~2003년)

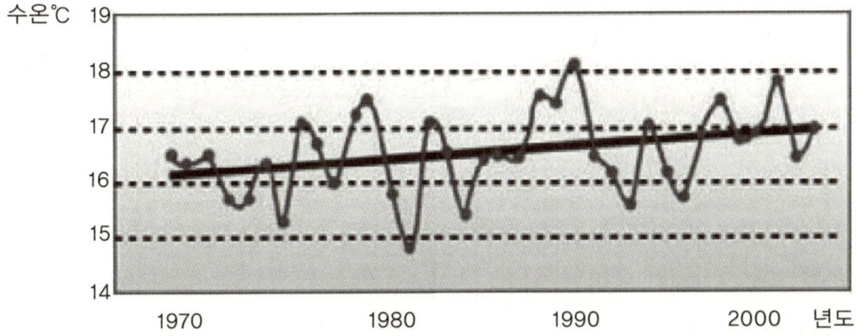

출처 : 기후변화홍보포털(gihoo.or.kr)

산업 등 인간의 경제활동에 미치는 지구 온난화의 영향은 해수면 상승으로 인한 도시 침수 및 농경지 유실, 강수량 증가 · 가뭄 · 온도상승에 따른 식량 생산 및 수산자원 감소 등을 들 수 있다(김철희, 2007).

우리나라에서는 1998년 지리산에서 시작된 집중호우로 324명의 인명피해와 1조2천500억 원의 재산피해, 2002년 8월 태풍 루사로 강릉지역에 하루 870mm의 비가 내려 일 최대강수량 기록을 경신하면서 인명 피해 246명, 농경지 3만여 ha 침수 등 5조원이 넘는 재산피해를 남겼다(기후변화홍보포털 www.gihoo.or.kr).

3. 활　동

활동명(1) 자연에서 나는 소리를 몸으로 표현해요.

활동 형태 소집단

활동 영역 탐구, 표현

활동 목표

· 자연에서 나는 소리를 파악한다.
· 소리를 창의적인 몸동작으로 표현할 수 있다.

누리과정 관련요소

· 자연탐구〉탐구하는 태도 기르기〉호기심을 유지하고 확장하기
· 예술경험〉예술적 표현하기〉움직임과 춤으로 표현하기

활동 자료

카세트, 자연의 소리를 녹음한 테이프, 지구의 자연 환경을 알 수 있는 사진자료(날씨가 더운 곳과 추운 곳의 모습, 물이 있는 곳과 없는 곳의 모습, 바람이 많이 부는 곳, 나무가 많은 곳의 모습, 바다 · 강 · 하천 · 산의 모습, 각종 생물의 모습 등)

출처 : http://photo.naver.com/view/2008081313214332628
출처 : http://www.hkbs.co.kr/hkbs/news.php?mid=1&treec=200&r=view&uid=237857

활동 방법

1. 자연에서 나는 다양한 소리를 들어 본 경험에 대하여 이야기를 나눈다.
   - 산 속에서 나는 소리를 들어 본 적이 있니? 흉내내어 볼까?
   - 물 속에서 나는 소리를 들어 본 적이 있니? 흉내내어 볼까?
   - 우리 주변에서 나는 소리들은 어떤 것이 있을까? 흉내내어 볼까?

2. 음악에 사용된 자연의 소리를 들어 보고 이야기를 나눈다.
   - 어떤 소리를 들었는지 이야기해 볼까?

3. 자연에서 나는 소리를 흉내내어 카세트에 녹음한다.
   - 산 속에서 나는 소리를 흉내내어 녹음해 볼까?
   - 물 속에서 나는 소리를 흉내내어 녹음해 볼까?
   - 우리 주변에서 나는 소리를 흉내내어 녹음해 볼까?
   - 재미있는 음악과 함께 산 속, 물 속, 주변에서 나는 소리를 녹음해 본다.

4. 녹음된 소리와 음악을 들어 본 후 몸으로 표현해 본다.
   - 녹음된 소리와 음악을 감상해 보자.
   - 소리와 음악을 감상하니 어떤 느낌이니?

- 소리와 음악을 몸으로 나타내려면 어떻게 해야 할까?
- 필요한 도구와 악기는 무엇이지?

5. 녹음된 소리와 음악을 들으며 몸으로 표현해 본다.
   - 필요한 도구와 악기를 가져올까?
   - 일어나 몸으로 표현해 보자.

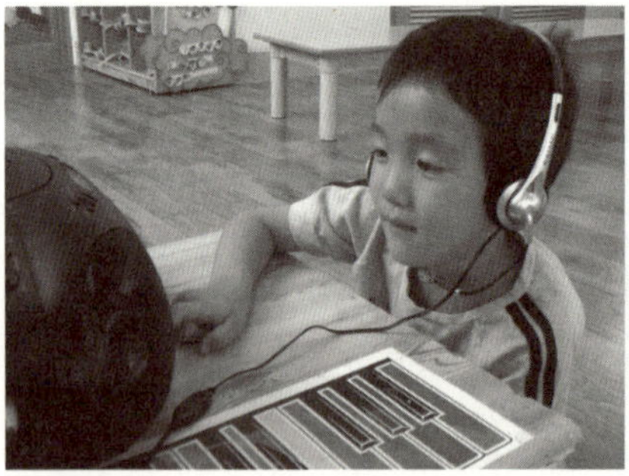
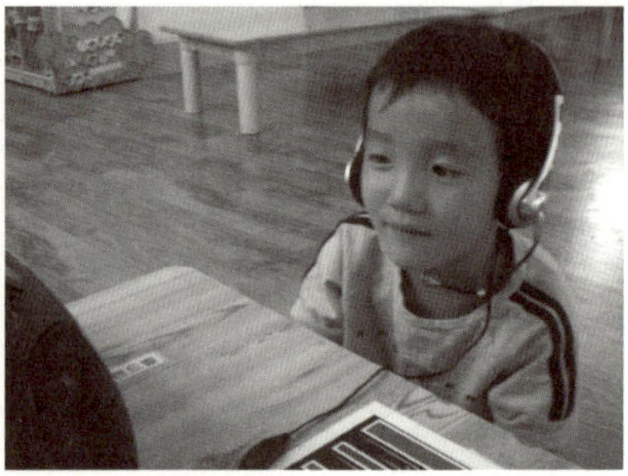

참새가 짹짹 소리를 내요. 파도소리가 나요.

활동명(2) 나무가 되어요.

활동 형태 소집단

활동 영역 미술, 탐구

활동 목표

· 나무의 특징을 안다.
· 나무가 인간에게 주는 유익을 안다.
· 나무를 보호하기 위한 방법을 생각할 수 있다.

누리과정 관련요소

· 자연탐구〉과학적 탐구하기〉생명체와 자연환경 알아보기
· 의사소통〉말하기〉느낌, 생각, 경험 말하기

활동 자료

· 나뭇잎 · 나무 열매 · 나뭇가지 · 뿌리 등 나무 사진
· 나뭇잎, 포스터 칼라, 붓, 종이

활동 방법

1. 인터넷이나 다양한 자료에서 나무의 모습을 찾아본다.
   - 인터넷에서 나무의 모습을 찾아볼까?
   - 책과 신문, 잡지에서 나무의 모습을 찾아볼까?

2. 수집한 나무의 사진을 관찰하고 관찰한 나무의 모습에 대하여 이야기를 나눈다.
   - 나무의 모습은 어떤 특징이 있는지 이야기해 볼까?
   - 나무는 무엇을 먹고 자라날까?
   - 나뭇잎은 어떤 일을 할까?
   - 나뭇가지는 어떤 일을 할까?
   - 나무뿌리는 어떤 일을 할까?

3. 나무가 우리에게 주는 이익은 무엇인지 이야기를 나눈다.
   - 나무가 하는 일은 무엇일까?
   - 나무는 우리에게 어떤 이익을 주는지 생각해 볼까?
   - 나무로 무엇을 만들 수 있을까?
   - 우리 주위에 나무로 만들어진 것은 무엇일까?
   - 만약 나무가 없다면 어떤 일이 일어날까?

4. 나무를 아끼고 보호하기 위해서 어떻게 해야 하는지 이야기를 나눈다.
   - 나무를 아끼고 보호하기 위해서 어떻게 해야 할까?

5. 나뭇잎을 관찰한다.
   - 나뭇잎은 어떤 모양이 있을까?

- 나뭇잎이 하는 일은 무엇일까?

6. 몸으로 나무를 표현해 본다.
   - 나무는 어떻게 생겼을까?
   - 나무가 움직이는 모습을 본 적이 있니?
   - 나뭇가지가 어떻게 움직이는지 표현해 볼까?

7. 정리한 후 평가한다.

확장 활동

나뭇가지를 통해 물관의 특징을 알아보기

활동 방법

1. 나뭇가지의 나뭇잎을 제거한다.
2. 비눗물을 만든다.
3. 나뭇가지의 한쪽 부분을 비눗물에 담근다.
4. 나뭇가지를 빨대삼아 불어 본다.

활동명(3) 바람을 따라가요

활동 형태 대집단

활동 영역 언어, 조작, 탐구

활동 목표

· 바람의 힘을 알 수 있다.

· 바람의 힘을 이용할 수 있다.

누리과정 관련요소

· 자연탐구〉과학적 탐구하기〉자연현상 알아보기

· 의사소통〉말하기〉느낌, 생각, 경험 말하기

활동 자료

'바람을 따라가요' 동화책, 바람사진, 드라이기, 풍선(또는 가벼운 공)

책제목 : 바람을 따라가요
지은이 : 글/김인숙, 그림/김민영, 감수/유재길 · 박남희,
출판사 : 아람출판(2009)

얼굴을 간질 간질이는 장난꾸러기, 나무 그늘 아래서 없어지는 개구쟁이, 나뭇잎을 몰고 사라지는 욕심꾸러기, 장난꾸러기, 개구쟁이, 욕심꾸러기 같은 것은 과연 무엇일까?

바람은 날카롭고도 차갑게 변해 매섭기도 합니다. 바람의 모습을 재미있게 묘사하였고, 바람의 여러 가지 측면을 흥미진진하게 소개하였습니다.

출처 : http://blog.naver.com/firstenc?Redirect=Log&logNo=150147125880
출처 : 중앙일보 (2012. 06. 30)

활동 방법

1. 사진자료를 보고 바람에 대해 이야기를 나눈다.
   - 바람을 본 적이 있니?
   - 봄에 부는 바람은 어떤 느낌이 드니?
   - 여름에 부는 바람은 어떤 느낌이 드니?
   - 가을에 부는 바람은 어떤 느낌이 드니?
   - 겨울에 부는 바람은 어떤 느낌이 드니?

2. 동화책을 읽고 이야기를 나눈다.
   - 동화책의 그림에 대해 이야기해 볼까?
   - 동화책의 계절에 대해 이야기해 볼까?
   - 바람은 어떻게 만들 수 있을까?

3. 드라이기의 바람을 이용하여 풍선을 공중에 띄워 본다.
   - 바람을 만드는 기계들은 무엇이 있을까?
   - 기계를 이용하여 바람을 만들어 볼까?
   - 드라이기의 바람을 이용하여 풍선을 공중에 띄어 볼 수 있을까?

- 직접 실행해 본다.

4. 정리한 후 평가한다.

활동명(4) 물탑 무지개

활동 형태 소집단

활동 영역 실험

활동 목표

설탕의 양의 따라 용액의 밀도가 달라지는 것을 알 수 있다.

누리과정 관련요소

· 자연탐구〉과학적 탐구하기〉물체와 물질 알아보기
· 자연탐구〉과학적 탐구하기〉자연현상 알아보기

활동 자료

무지개 사진자료, 설탕, 투명컵, 메스실린더, 스포이드, 그림물감, 찻숟가락, 물

활동 방법

1. 사진자료를 보고 이야기를 나눈다.
   - 이것이 무엇일까?
   - 무지개를 본 적이 있니?
   - 무지개를 어떻게 만들 수 있을까?
   - 설탕을 이용해서 무지개를 만들 수 있을까?

2. 준비물을 관찰하고 특성을 살펴본다.
   - 이것은 무엇일까?
   - 재료들을 관찰해 볼까?
   - 각각 어떤 특성이 있는지 이야기해 볼까?

3. 물탑 무지개 만드는 방법을 알아본다.

물탑 무지개 만들기

1. 7개의 컵에 물을 똑같이 넣는다.
2. 7개의 컵에 차례로 빨, 주, 노, 초, 파, 남, 보라색 물감을 넣는다.
3. 숟가락을 이용하여 빨, 주, 노, 초, 파, 남, 보라색 물감이 든 컵에 순서대로 설탕을 넣는데 직전의 물컵보다 2배씩 넣는다.
4. 스포이드를 이용하여 무지개 색깔별로 메스실린더에 넣는다.

4. 직접 만들어 본다.
   - 물이든 컵에 설탕을 타볼까? 몇 숟가락을 넣을까?
   - 설탕물이 담긴 7개의 컵에 무지개 색깔로 각각 물감을 넣어 볼까?
   - 어떻게 변했을까?
   - 스포이드를 이용해서 메스실린더에 넣어 볼까?
   - 왜 이런 일이 생겼을까?

- 어떻게 하면 물탑 무지개를 만들 수 있을까?
- 설탕의 양을 다르게 해 볼까?

5. 정리한 후 평가한다.

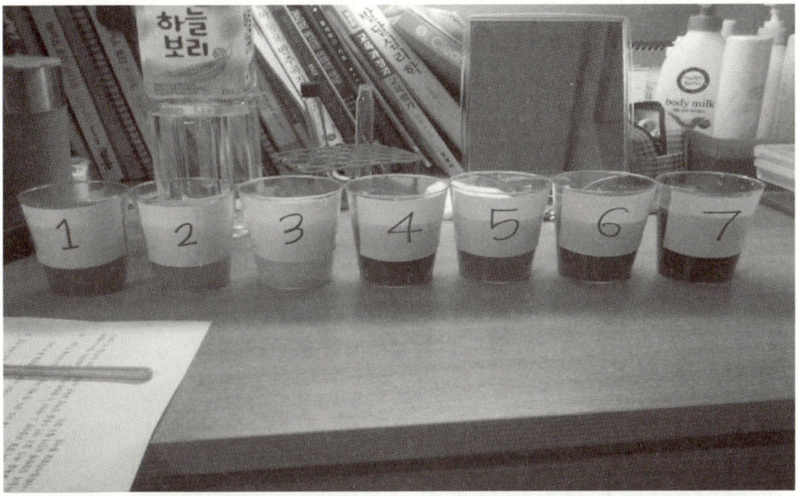

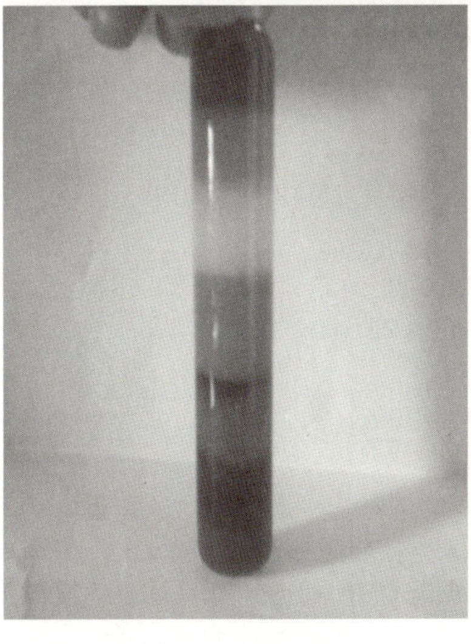

활동명(5) 얼음 그림

활동 형태 소집단

활동 영역 미술, 탐구

활동 목표

· 얼음, 물, 증류수의 관계를 탐구한다.
· 물의 순환과정을 경험해 본다.

누리과정 관련요소

· 자연탐구〉과학적 탐구하기〉물체와 물질 알아보기
· 자연탐구〉과학적 탐구하기〉자연현상 알아보기
· 의사소통〉듣기〉이야기 듣고 이해하기

활동 자료

'물의 여행' 동화책, 물감, 얼음틀, 물, 도화지, 사인펜

책제목 : 물의 여행
지은이 : 엘레오노레 슈미트
번 역 : 김윤태
출판사 : 비룡소(1997)

물방울들의 변화를 그렸습니다. 하늘로 올라가 구름이 되어 여름날 시원한 빗줄기가 되어 내리고, 겨울엔 아름다운 눈송이가 되어 내립니다. 산비탈을 따라서 흐르기 시작한 물은 개울이 되고, 개울은 시내로, 시내는 강으로, 그리고 바다에 이르게 됩니다.

활동 방법

1. 동화책을 읽고 이야기를 나눈다.
    - 물방울들이 어떻게 여행을 했는지 이야기해 볼까?
    - 물방울들은 여름과 겨울에 어떤 모습이었니?

2. 물의 순환과정을 탐색해 본다.
    - 물방울들이 뜨거워지면 어떻게 될까?
    - 하늘로 올라간 물방울들은 어떻게 될까?
    - 구름이 무거워지면 어떻게 될까?
    - 여름엔 어떻게 될까?
    - 겨울엔 어떻게 될까?

3. 다양한 종류의 색깔물을 만든 뒤 얼음틀에 넣어 얼린다.
    - 다양한 종류의 색깔물을 만들어 볼까?
    - 색깔물을 얼음틀에 넣어 얼려 볼까?

4. 얼음이 얼면 냉장고에서 꺼내 관찰한다.
    - 색깔물이 어떻게 변했을까?
    - 색깔얼음을 만져 볼까?
    - 어떤 것이 느껴지니?

5. 여러 종류의 색깔얼음으로 그림을 그린다.
    - 여러 종류의 색의 얼음으로 무엇을 할까?
    - 여러 종류의 색의 얼음으로 그림을 그려 볼까?

얼음그림 그리기

준비물 : 도화지, 사인펜, 얼음

활동방법

1. 도화지에 사인펜을 이용하여 자유롭게 낙서를 한다.
2. 낙서를 한 도화지 위에 얼음을 올려놓고 사인펜이 번지도록 한다.
3. 물이 마르면 사인펜을 활용하여 부분적으로 그림을 그려 완성한다.

6. 얼음이 물로 변한 이유, 스케치북이 마른 이유에 대해 이야기를 나눈다.
   - 얼음이 어떻게 변했을까?
   - 스케치북을 어떻게 변했을까?

활동명(6) 화산폭발 실험

활동 형태 소집단

활동 영역 조작

활동 목표

· 화산에 대해서 관심을 갖는다.

· 물질의 화학변화에 대해 관심을 갖고 탐색해 본다.

누리과정 관련요소

· 자연탐구〉과학적 탐구하기〉물체와 물질 알아보기

· 자연탐구〉탐구하는 태도 기르기〉탐구과정 즐기기

활동 자료

화산사진, 요구르트병, 점토, 베이킹파우더, 식초, 빨간색 물감, 빈 병

출처 : 연합뉴스

활동 방법

1. 화산관련 사진을 보며 화산에 관심을 갖는다.
   - 화산이란 무엇일까?
   - 화산도 산불처럼 산이 타버리는데 산불과 다른 점이 무엇일까?
   - 화산은 땅 위에서만 생겨날까?

2. 화산폭발 실험에 필요한 재료들을 탐색해 본다.
   - 식초와 베이킹파우더의 냄새와 맛을 비교해 보니 어떻게 다르니?
   - 요구르트병과 점토와 빨간색 물감으로는 무엇을 만들 수 있을까?
   - 화산 안에 마그마는 어떤 재료로 만들 수 있을까?

3. 실험 전 유의사항에 대해 이야기를 나눈다.
   - 화산폭발 실험을 할 때 어떤 점을 조심히 해야 할까?
   - 실험이 끝나면 어떻게 해야 할까?

4. 실험방법에 대해 이야기를 나눈다.

실험방법

① 요구르트병에 산 모양으로 점토를 바른다.
② 요구르트병에 베이킹파우더를 넣는다.
③ 다른 병에 식초와 빨간색 물감을 넣고 섞는다.
④ ③을 요구르트병에 넣는다.
⑤ 변화를 관찰한다.

5. 직접 실험해 본다.
   - 요구르트병에 산 모양으로 점토를 발라 볼까?
   - 요구르트병에 베이킹파우더를 넣어 볼까?

- 다른 빈 병에 식초와 빨간색 물감을 넣고 섞어 볼까?
- 빨간색으로 변한 식초를 요구르트병에 넣어 볼까?
- 부글부글 올라오는 미니 화산을 관찰해 볼까?

6. 화산변화 과정에 대해 이야기를 나눈다.
   - 식초를 넣었더니 어떻게 되었을까?
   - 안에서 나오는 것을 만져 볼까?
   - 냄새는 어떠할까?
   - 식초에 양을 더 많이 넣어 준다면 어떻게 될까?

7. 정리한 후 평가한다.

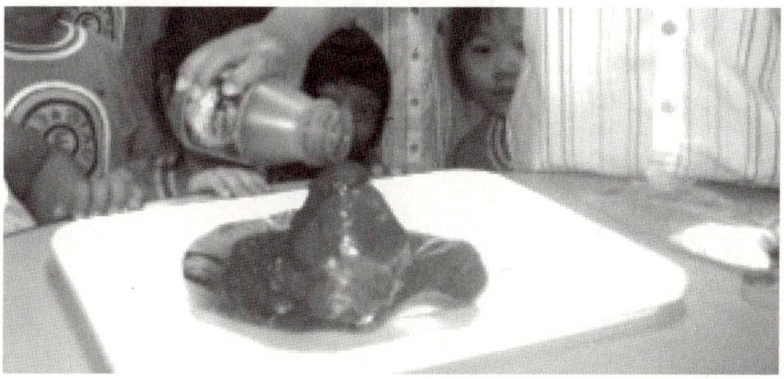

활동명(7) 오염된 물 속 세상 - 물 속의 기름을 제거해요.

활동 형태 대/소집단

활동 영역 실험

활동 목표

· 물의 오염이란 무엇인지 안다.
· 물의 특성에 대해서 알 수 있다.
· 물의 오염을 줄이는 방법을 생각하고 실천한다.

누리과정 관련요소

· 자연탐구〉탐구하는 태도 기르기〉탐구과정 즐기기
· 자연탐구〉과학적 탐구하기〉물체와 물질 알아보기

활동 자료

· 수질오염 사진자료, 태안반도 사진자료, 식용유, 숟가락, 물, 수조(또는 큰 대야)

출처 : naver.com/asew751?Redirect=Log&logNo=60069905245

출처 : naver.com/mobacle?Redirect=Log&logNo=70025181285

활동 방법

1. 수질오염 사진자료를 보고 이야기를 나눈다.
   - 사진을 보니 어떤 생각이 드니?
   - 물이 더러워지면 어떻게 될까?
   - 사진은 무엇 때문에 더러워졌을까?
   - 태안반도 기름유출 사건에 대해 들어 본 적이 있니?
   - 기름을 없애려면 어떻게 해야 할까?

2. 실험방법에 대해 이야기를 나눈다.

> 실험방법
>
> ① 큰 수조에 물을 3분의 2 정도 채운다.
> ② 식용유 100㎖를 붓는다.
> ③ 식용유를 숟가락으로 뜨면서 물에서 식용유를 제거해 본다.
> ④ 물 속의 식용유가 완전히 없어졌는지 관찰한다.

3. 직접 실험해 본다.
   - 큰 수조에 물을 3분의 2 정도 채워 볼까?

- 식용유 100㎖를 부어 볼까?
- 식용유를 숟가락으로 뜨면서 물에서 제거해 볼까?
- 물 속의 식용유가 완전히 없어졌는지 확인해 볼까?

4. 정리한 후 평가한다.

기름을 넣어 보자.

기름을 숟가락으로 떠보자.

기름을 숟가락으로 뜨는데 물도 떠져요.

기름을 계속 떠내었는데 아직도 남았어요.

활동명(8) 하루 쓰레기 양은 얼마나 될까?

활동 형태 대/소집단

활동 영역 이야기 나누기, 체험

활동 목표

· 하루에 배출되는 쓰레기 양을 알아본다.
· 쓰레기를 줄일 수 있는 방법을 안다.
· 직접 쓰레기를 주워 환경 보호를 할 수 있다.

누리과정 관련요소

· 자연탐구〉탐구하는 태도 기르기〉호기심을 유지하고 확장하기
· 자연탐구〉과학적 탐구하기〉생명체와 자연환경 알아보기

활동 자료

· 사진자료, 쓰레기봉투, 집게

출처 : naver.com/spiritkeeper?Redirect=Log&logNo=140110054715

활동 방법

1. 사진자료를 보고 이야기를 나눈다.
   - 무엇을 하는 모습일까?
   - 우리 주변의 쓰레기에는 어떤 것이 있을까?
   - 쓰레기의 양은 얼마만큼 될까?

2. 우리 동네 쓰레기를 줍는다.
   - 나가서 쓰레기를 주워 볼까?
   - 어떤 쓰레기를 주웠는지 알아볼까?
   - 우리가 주운 쓰레기의 양은 얼마나 될까?

3. 쓰레기를 줄일 수 있는 방법에 대해 이야기를 나눈다.
   - 쓰레기는 어떻게 해서 생길까?
   - 쓰레기를 줄일 수 있는 방법은 무엇일까?

4. 정리한 후 평가한다.

확장 활동

분리수거할 수 있는 것과 없는 것을 구분하기

활동명(9) 에너지가 부족하면 어떻게 될까?

활동 형태 대/소집단

활동 영역 이야기 나누기, 탐구

활동 목표

· 에너지의 중요성을 알 수 있다.

· 에너지가 사용되는 곳을 알 수 있고, 절약하는 마음을 가진다.

누리과정 관련요소

· 자연탐구〉탐구하는 태도 기르기〉탐구과정 즐기기

· 자연탐구〉과학적 탐구하기〉자연현상 알아보기

활동 자료

관련 사진, 에너지를 필요로 하는 물건들의 사진

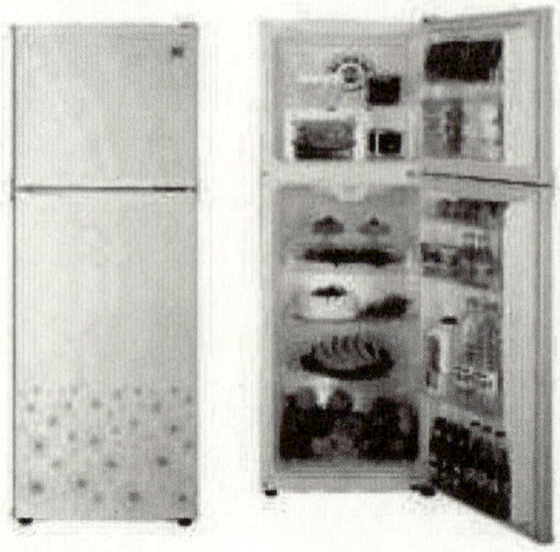

출처: http://image.search.naver.com
출처 : Kirstin Dow, Thomas E. Downing(2009).

활동 방법

1. 사진자료를 보고 이야기를 나눈다.
   - 무엇을 나타낸 사진일까?
   - 왜 이렇게 되었을까?

2. 에너지에 대해 이야기를 나눈다.
   - 에너지에 대해 들어 본 적이 있니?
   - 에너지란 무엇일까?
   - 에너지가 부족하면 어떻게 될까?

3. 에너지가 필요한 물건은 무엇인지 생각하고 매체를 이용하여 나타내 본다.
   - 에너지가 사용되는 곳은 어디일까?
   - 에너지가 필요한 물건은 무엇일까?
   - 그림이나 다른 매체로 나타내어 볼까?

4. 정리한 후 평가한다.

땅이 모두 말라요.

생물들이 날지 못하고 땅에 떨어져 죽어요.

활동명(10) 태양이 어떻게 에너지가 될까?

활동 형태 대/소집단

활동 영역 탐구, 관찰

활동 목표

· 태양에는 에너지가 있음을 안다.
· 양달과 응달의 차이점을 느낄 수 있다.
· 태양이 어떻게 에너지가 되는지 알 수 있다.
· 태양의 열을 활용할 수 있는 방법을 생각할 수 있다.

누리과정 관련요소

· 자연탐구>과학적 탐구하기>자연현상 이해하기
· 자연탐구>과학적 탐구하기>간단한 도구와 기계 활용하기

활동 자료

온도계, 필기도구, 태양열을 이용한 예에 관한 사진

태양열 자동차
출처: 머니투데이 (2009. 4. 7)

태양열 주택
출처: http://www.somangnote.com/?photoID=3172172

태양열 비행기
출처: 세계일보 (2007. 11. 7)

태양열 비행기
출처: 중앙일보 (2007. 3. 21)

활동 방법

1. 생활 속에서 사용하는 태양에너지에 대해 이야기를 나눈다.
   - 태양에는 어떤 에너지가 있을까?
   - 우리 주위에서 태양에너지를 이용한 것은 무엇인지 이야기해 볼까?

2. 양달과 응달을 체험해 보고 느낀 점을 비교해 본다.
   - 양달에 나가 보자. 양달에는 어떤 특징이 있는지 이야기해 볼까?
   - 응달에 나가 보자. 응달에는 어떤 특징이 있는지 이야기해 볼까?
   - 온도는 어떻게 차이가 나는지 온도를 측정해 보자.

3. 돋보기를 이용해서 종이를 태운다.
   - 태양이 비추는 곳에 나가면 어떤 느낌이 드니?
   - 돋보기를 본 적이 있니?
   - 돋보기를 이용해서 태양의 빛을 모아 볼까?

4. 태양이 어떻게 에너지가 되는지 이야기를 나눈다.
   - 태양이 어떻게 에너지가 될까?

5. 태양에너지를 이용할 수 있는 방법은 무엇인지 생각해 보고 이야기를 나눈다.
   - 태양에너지를 이용하기 위해 어떻게 할 수 있을까?

움직일 때마다 그림자가 달라져요. 등이 뜨거워요.

그림자가 없어졌고 시원한 느낌이 들어요.

확장활동

태양열 조리기 만들기

준비물 : 큰상자, 작은상자, 비닐, 단열재, 은박지, 가위, 테이프, 칼, 우드락, 검은종이

만드는 방법

1. 상자 두 개의 옆면을 각각 잘라 낸다.
2. 작은상자의 바깥은 검은색 종이를 붙인다.
3. 작은상자의 안쪽은 은박지를 붙인다.
4. 큰상자의 안쪽에 단열재를 넣고 작은 상자를 넣는다.
5. 큰상자의 옆면에 비닐을 붙인다.
6. 큰상자의 위쪽에 우드락과 비닐로 만든 덮개를 붙인다.
7. 상자의 안쪽에 은박지로 만든 반사판을 큰상자 덮개 위에 붙인다.

태양열 조리기 이용하여 메추리알 삶기

준비물 : 태양열 조리기, 비커, 메추리알, 온도계, 검은색 종이

만드는 방법

1. 비커에 검은색 종이를 붙인다.
2. 조리기의 중앙에 비커를 넣고 물과 메추리알을 넣는다.
3. 태양이 잘 비추는 곳에 둔다.
4. 시간에 따라 물 온도를 확인한다.

활동명(11) 에너지 절약 책 만들기

활동 형태 소집단

활동 영역 언어

활동 목표

· 주변의 물체나 물질을 탐색한다.
· 주변의 물체나 물질 중 에너지를 만들어 내는 것들을 구별한다.
· 에너지를 절약하는 방법을 안다.

누리과정 관련요소

· 자연탐구〉탐구하는 태도 기르기〉호기심을 유지하고 확장하기
· 의사소통〉쓰기〉쓰기에 관심 가지기
· 의사소통〉쓰기〉쓰기도구 사용하기

활동 자료

색연필 · 사인펜 등의 필기구, 종이 또는 색지, 스템플러, 색테이프

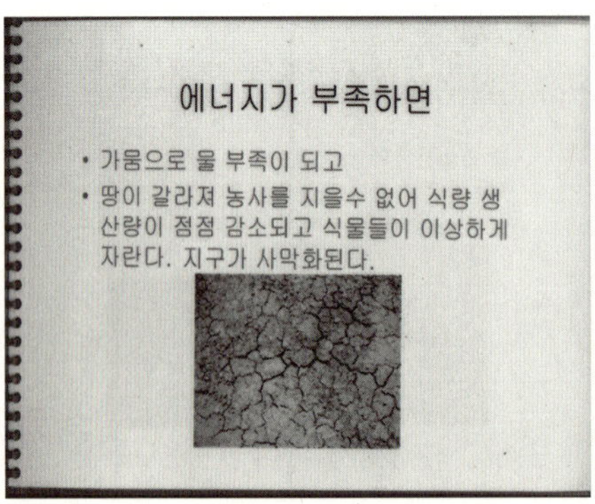

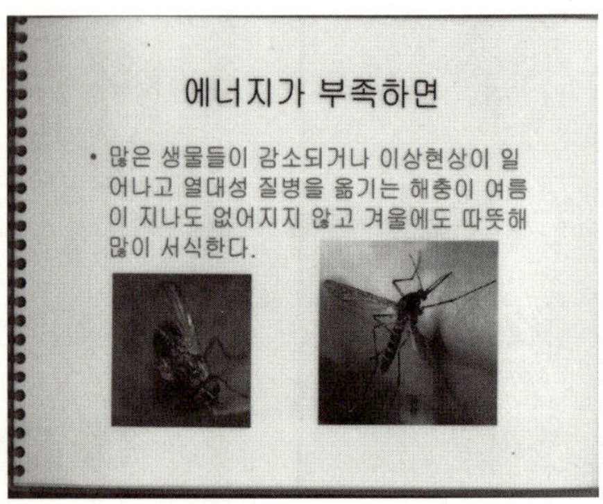

활동 방법

1. 생활 속에서 사용하는 에너지에 대해 이야기를 나눈다.
   - 에너지란 무엇일까?
   - 우리 주위에서 에너지를 이용한 것은 무엇일까?

2. 에너지가 없다면 어떻게 될지 그려 본다.
   - 에너지는 우리에게 무엇을 줄까?
   - 에너지가 없다면 어떻게 될까?
   - 에너지가 없으면 어떻게 될지 그려 볼까?

3. 에너지 절약 책을 만든다.
   - 에너지를 아낄 수 있는 방법에는 무엇이 있을까?
   - 책으로 만들어 볼까?

4. 에너지 절약 책을 소개해 본다.
   - 에너지 절약 책을 소개해 볼까?

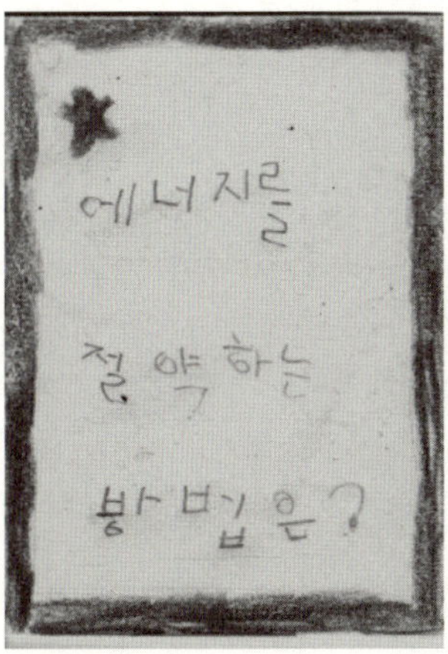

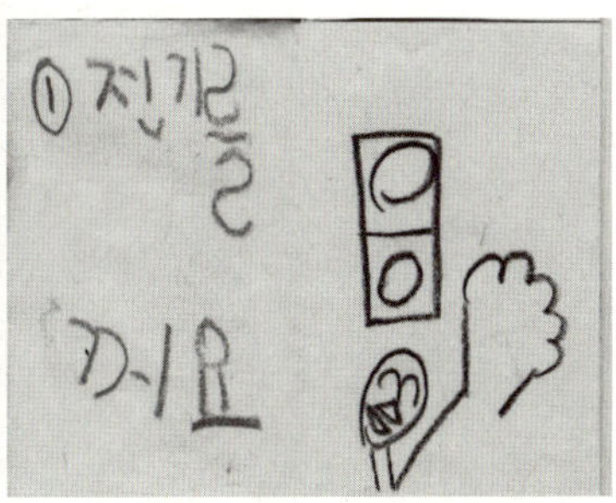

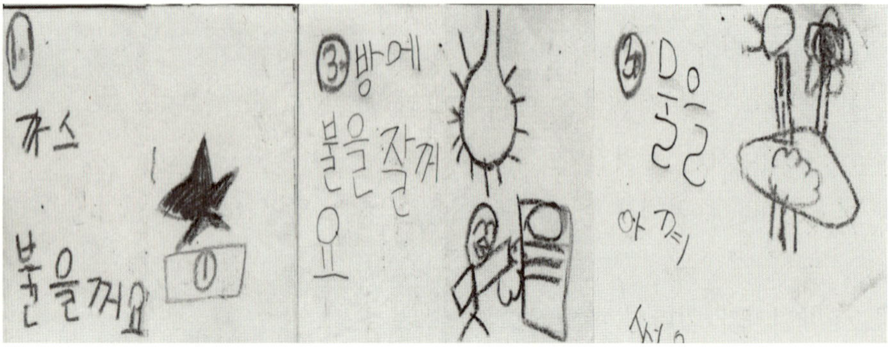
꺼스
불을꺼요
방에
불을 잘꺼
요

활동명(12) 간이정수기 만들기

활동 형태 소집단

활동 영역 조작, 탐구

활동 목표

· 정수기의 특성을 탐색해 본다.

· 물의 오염과 정수의 과정을 관찰한다.

누리과정 관련요소

· 자연탐구〉과학적 탐구하기〉물체와 물질 알아보기

· 자연탐구〉탐구하는 태도 기르기〉호기심을 유지하고 확장하기

활동 자료

흙탕물, 비눗물, 기름물, 페트병 두 개, 칼, 가위, 거즈, 솜, 깨끗하게 씻은 자갈, 깨끗하게 씻은 모래, 잘게 부순 숯, 활성탄, 고무줄

활동 방법

1. 더러운 물을 깨끗하게 변화시키기 위해서는 어떻게 해야 하는지 이야기를 나눈다.
   - 더러운 물을 깨끗하게 할 수 있는 방법이 있을까?
   - 정수기를 본 적이 있니?
   - 정수기는 어떤 방법으로 물을 깨끗이 만들어 줄까?

정수기

2. 준비물을 탐색한다.
   - 흙탕물은 어떤 색깔이니?
   - 비눗물은 어떤 색깔이니?
   - 기름물은 어떤 색깔이니?
   - 페트병을 본 적이 있니?
   - 자갈은 어디에서 볼 수 있을까?
   - 모래는 어디에서 볼 수 있을까?
   - 숯을 본 적이 있니?

3. 간이정수기를 만들어 본다.
   - 정수기를 만들려면 무엇이 필요할까?
   - 어떻게 만들 수 있을까?

만드는 방법

1. 페트병의 끝 부분에 칼집을 내고 가위로 자른다.
2. 페트병의 입구를 거즈로 감싼 다음, 고무줄로 묶는다.
3. 페트병을 거꾸로 세우고 아래쪽부터 솜, 활성탄, 솜, 숯, 모래, 자갈의 순으로 넣는다. 이때 거즈를 사이에 넣어 준다.
4. 흙탕물, 비눗물, 기름물 등 오염된 물을 걸러서 거르기 전과 비교하여 본다.

간이정수기 만들기

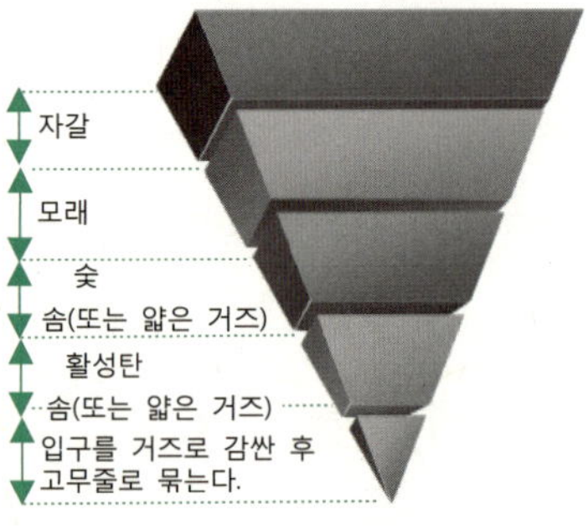

4. 정리한 후 평가한다.

4. 참고할 만한 자료들

동화

책제목 : 여름눈사람
지은이 : 글/유효설
출판사 : 유페이퍼(2012)

2003년 케이스토리뱅크 제2회 창작스토리공모전 동화 부문에서 최우수상 및 장려상을 수상한 작품입니다. 지구 온난화와 환경문제를 주제로, '눈꽁이'가 주인공입니다. 눈꽁이는 빙하를 우화한 여름눈사람입니다. 눈꽁이를 통해 환경문제를 재미있게 서술하고 있습니다.

책제목 : 지구 구출 대작전
지은이 : 글/서지원, 그림/김용연
출판사 : 베틀북(2009)

지구 온난화를 생각하는 환경 동화입니다.

자연이는 자신을 지구 구출 대원이라고 말해요. 전학해 온 자연이가 생활해 가면서 벌어지는 여러 가지 사건을 흥미진진한 이야기의 구성과 싱그러운 그림으로 담아냈습니다. 지구 온난화와 환경에 대해 알아야 할 지식들을 이야기하고 있습니다. 특히 온난화로 발생되는 지구의 어려움을 실랄하게 이야기합니다. 또한 지구를 구출하기 위해 할 수 있는 일들을 흥미롭게 서술하고 있습니다.

책제목 : 고사리손 환경책– 지구를 지키는 생활 습관 10가지 '아이빛 지식 그림책' 시리즈, 제23권
지은이 : 멜라니 월시
출판사 : 웅진주니어(2009)

유아들이 손쉽게 할 수 있는 환경보호 방법 10가지를 소개하고, 손쉽게 할 수 있는 환경보호 방법들이 유아들의 삶 속에 자연스럽게 습관화될 수 있도록 안내합니다. 우리들이 실천하는 작은 환경보호 방법들이 지구 전체에 또는 우리 자신에게 어떤 영향을 주는지 알 수 있도록 흥미롭게 이야기하고 있습니다.

책제목 : 먼지가 지구 한 바퀴를 돌아요
지은이 : 글/윤순창, 그림/소복이
출판사 : 웅진주니어(2012)

먼지는 아주 작은 존재이지만, 어마어마한 먼지 폭풍이 되기도 합니다. 먼지는 둥둥 떠다녀 느린 것 같아 보이지만, 바람을 탄 먼지 구름은 지구를 한 바퀴 도는데 2주 밖에 안걸립니다. 먼지는 미세하고 공기 중에 섞여 있어 모든 생명체에 영향을 미칩니다. 이러한 먼지의 다양한 모습과 이동을 동화로 쉽고 친근하게 이해하게 구성하였습니다.

견학할 만한 곳

- 서대문 자연사박물관 http://namu.sdm.go.kr
- 항공우주박물관 http://www.jdc-am.com
- 환경박물관 http://www.weekon.co.kr/PID/L20120188w01
- 캐니 빌리지 http://canny2.can.or.kr/index2.asp
- 산림환경연구소 http://www.cbforest.net

참고 문헌

강원일보 2012. 5. 23. 지구 온난화에 설악산 희귀나무들 멸종 위기.
국립환경과학원(2009). 전국 시도별 오염물질 배출량. http://www.nier.go.kr
국립환경과학원(2012). 대기오염물질.
그린포스트코리아. 2012. 4. 24. 기후변화로 위협받는 세계 5대 명산.
기후변화홍보포털. www.gihoo.or.kr
김철희(2007). 지구 온난화의 원인과 진행, 그리고 대책. 국회도서관보, 44(4). 2-12. 국회도서관.
두산백과(2013). www.doopedia.co.kr
머니투데이. 2009. 4. 7. 태양열 자동차.
물환경정보시스템(2012). 물의 순환. http://water.nier.go.kr
세계일보. 2007. 11. 7. 태양열 비행기.
아시아경제신문. 2013. 1. 30.
연합뉴스 www.yonhapnews.co.kr
전북일보(2010.12.2) www.jjan.kr
조선일보. 2009. 8. 31. 네팔 빙하 녹아 산중 쓰나미 위협.
중앙일보. 2007. 3. 21. 태양열 비행기.
중앙일보. 2012. 6. 30.
지식엔진연구소(2012). 시사상식사전, pmg.
태양열 주택. http://www.somangnote.com/?photoID=3172172
naver.com/lyh8267?Redirect=Log&logNo=50140403148 nasa.gov
한국환경공단(2011). 우리나라 환경 위기 시계는 몇 시 몇 분?
환경재단(2012) www.greenfund.org
허재안(2009). 지구 온난화 대응을 위한 정부와 기업의 역할관계. 경원대학교 박사학위청구논문.
Kirstin Dow, Thomas E. Downing(2009). 최영은, 권원태 역. 지도로 보는 기후 변화. 서울: 시그마프레스.
http://photo.naver.com/view/2008081313214332628
http://www.hkbs.co.kr/hkbs/news.php?mid=1&treec=200&r=view&uid=237857
http://blog.naver.com/firstenc?Redirect=Log&logNo=150147125880

http://cafe.naver.com/teachermommy/35820
http://image.search.naver.com
naver.com/asew751?Redirect=Log&logNo=60069905245
naver.com/mobacle?Redirect=Log&logNo=70025181285
naver.com/spiritkeeper?Redirect=Log&logNo=140110054715

저자 소개

이용주

경동대학교 유아교육과 교수

박중규

사회복지법인 영광어린이집 원장

홍춘자

강원도 보육정보센터 센터장

이원자

국립 간성어린이집 원장

학교폭력 예방을 위한 **유아교육기관 평화교육활동**

초판인쇄 2014년 3월 31일
초판발행 2014년 4월 7일

이용주
2014. 3.

저 자 이용주 · 박중규 · 홍춘자 · 이원자
발행인 김현태
발행처 태영출판사

주 소 (152-705) 서울 구로구 구로동 104-10 동남오피스텔 201호
전 화 02 · 839-3757, 839-3752
팩 스 02 · 837-3754
등 록 2005년 5월 30일 제12-421호
http://www.taeyeongbook.co.kr
E-mail tys2005@hanmail.net
ISBN 978-89-6302-136-2 93370
정 가 15,000원

NAVER 태영출판사

* 잘못 만들어진 책은 교환해 드립니다.